Bernadett Gera

Qigong für die Ohren

Sanfte Hilfe bei Ohrenbeschwerden und zur Stärkung des Hörvermögens

IRISIANA

MIX
Papier | Fördert gute Waldnutzung
FSC® C004378

Penguin Random House Verlagsgruppe FSC® N001967

Bildnachweis
Illustrationen: Bernadett Gera

1. Auflage

Neumarkter Straße 28, 81673 München

Projektleitung: Sven Beier

Redaktion: Dr. Doortje Cramer-Scharnagl, Edewecht

Satz: Uhl + Massopust, Aalen

Umschlaggestaltung: Geviert, Grafik & Typografie unter Verwendung eines Motivs von © shutterstock/alphabe

Druck und Bindung: PBtisk, a. s.

Printed in Czech Republik

ISBN: 978-3-424-15465-8

Inhaltsverzeichnis

Einleitung

In der Gebärmutter entwickelt sich unsere Hörfähigkeit etwa in der 18. Woche und ist damit einer der frühesten Sinne, die sich ausbilden. Das Ohr ist ein erstaunliches und wundersames Organ, das zu einem großen Teil für unsere Sprache, unsere räumliche Wahrnehmung und Ausrichtung mitverantwortlich ist. Nicht nur über das Beobachten, sondern auch über das Zuhören lernen wir. Das Hören ist ein Sinn, über den wir unmittelbar Informationen über und von unserer Umwelt erhalten und den wir, im Gegensatz beispielsweise zu den Augen, nicht verschließen können.

Hörschwierigkeiten können das Sprachvermögen, die eigene Ausdrucksfähigkeit, das Lernen, die Motivation und das Leben allgemein beeinflussen. Gutes Hören hingegen erleichtert unsere tägliche soziale Kommunikation und schützt uns vor Gefahren (z. B. beim unmittelbaren Wahrnehmen einer Autohupe). Ebenso können wir unser Hörvermögen gezielt einsetzen, um eine Ausschüttung des Neurotransmitters Dopamin herbeizuführen – beispielsweise durch das Hören von Musik. Auf diese Weise ermöglichen wir uns Glücksmomente und können mit sogenannten heilenden Klängen auch eine positive Wirkung auf innere Organe erzielen.

Hören ist also unter anderem die Grundlage für unsere Sprache und kaum wegzudenken. Umso erschreckender, dass Ohrenbeschwerden und -erkrankungen in den letzten Jahren immer häufiger auftreten und längst keine »Alterskrankheit« mehr sind. Sei es, dass wir zu wenig oder zu unklar hören oder dass wir zusätzliche Geräusche hören, die wir lieber abstellen würden.

Wenig bekannt ist der Zusammenhang, den die traditionelle chinesische Medizin zwischen der Gesundheit der Ohren und der eigenen Lebensführung macht. Ebenso wenige wissen, dass mithilfe einfacher Übungen und Selbstmassagen nicht nur das eigene Wohlbefinden, sondern auch direkt das Hörvermögen gestärkt, ja teilweise sogar wiederhergestellt werden kann. So sind Fälle aus China bekannt, bei denen taube Kinder über mehrere Wochen hinweg mit Qigong und Akupunktur behandelt wurden und dadurch wieder hören konnten – was vor allem hier im Westen wie ein Wunder erscheint. Es ist ganz unglaublich: Wenn man einmal begonnen hat, in den »Kaninchenbau« von Qigong zu sehen und sich mit den (Selbst-)Heilungskräften des Körpers zu beschäftigen, entfaltet sich mit jedem weiteren Schritt ein neuer Schwung an Magie. Ich hoffe, dass dieses Buch Sie auf Ihrem Weg unterstützen kann und Sie dabei nicht »nur« Ihre Hörfähigkeit stärken oder verbessern, sondern zusätzlich neue und hilfreiche Erfahrungen und Erkenntnisse über sich selbst gewinnen.

Qigong und Ohrenheilkunde

Die westliche und östliche Ohrenheilkunde

Die Ohrenheilkunde in der Humanmedizin wird oft als relativ neuer Zweig beschrieben. Ein entscheidender Schritt war das Jahr 1891, in dem die erste deutsche Universitäts-HNO-Klinik in Rostock eröffnet wurde. Einzelne Erwähnungen finden sich zwar bereits früher, so beispielsweise im Zusammenhang mit der Erforschung des Knochenleitungsklangs, in deren Rahmen bereits im 16. Jahrhundert verschiedene Hörbeschwerden betrachtet wurden. Eine diagnostische und therapeutische Auseinandersetzung mit Ohrenkrankheiten begann im Westen jedoch tatsächlich erst um die Mitte des 19. Jahrhunderts. Der französische Arzt und Gehörlosenlehrer Jean Marc Gaspard Itard (1774–1838) veröffentlichte 1821 ein Lehrbuch, welches die Erfahrungen und Erkenntnisse der damaligen Zeit zusammenfasste. Weitere Veröffentlichungen talentierter europäischer Kollegen Gaspards schlossen sich in den folgenden Jahrzehnten an.

In der chinesischen Heilkunde blickt die Hals-Nasen-Ohren-Heilkunde auf eine ältere Tradition zurück. Der *Innere Klassiker des Gelben Kaisers* (chin. Titel: *Huangdi Neijing*, 1. Jahrhundert vor unserer Zeit, in der Tang- und Song-Zeit überarbeitet) ist eines der berühmtesten Werke der traditionellen chinesischen Medizin und das erste Werk, in dem Qigong nach heutigem Verständnis Erwähnung findet. Es enthält bereits zahlreiche Hinweise auf Ohrenerkrankungen und deren Behandlung. Gleiches gilt für *Shennongs Klassiker der Drogenkunde* (chin. *Shennong Bencao Jing*, 1.–2. Jahrhundert, verloren gegangen und um 500 von Tao Hongjing neu kompiliert) und für *Die unter dem Ellenbogen zu tragende Notfallmedizin* (chin. *Zhouhou Beiji Fang*, 3. Jahrhundert, von Ge Hong).

Neben Akupunktur, Arzneimitteltherapie (darunter auch Pflanzenheilkunde), Diätetik und Massagetherapie zählt Bewegungstherapie wie

Qigong bis heute zu den fünf Säulen der gesunden Lebenspflege (im Chinesischen als *Yangsheng* bezeichnet). Bei Qigong handelt es sich um eine Energiearbeit, die Zugang zu feinstofflichen Energien bietet und bei regelmäßiger Übung ein physisches, emotionales und mentales Wohlergehen herzustellen vermag. Qigong beinhaltet ein umfangreiches und detailliertes Wissen über die zentrale Kraft allen Lebens, seine Aktivierung, Stärkung und ausgeglichene Verteilung im physischen Körper. Die Fähigkeit zur Selbstheilung wird dadurch unerschöpflich. Der freie Energiefluss im Körper wird gefördert und gestärkt, Leitbahnen werden durchgängig gemacht sowie Yin- und Yang-Kräfte des Körpers in ein dynamisches Gleichgewicht gebracht.
Auf dieses Gleichgewicht weisen auch die Schriftzeichen hin, aus denen der Begriff Qigong besteht: *Qi* bedeutet Lebenskraft, *Gong* weist auf Erfolg, Arbeit und regelmäßiges Üben hin. Qigong bezeichnet somit frei übersetzt die Fähigkeit, mit der Lebensenergie zu arbeiten. Dies geschieht beispielsweise durch Körperhaltungen, Atemtechniken, Bewegungen oder gezielte Visualisierungen. Bei Ohrenbeschwerden und -erkrankungen haben sich insbesondere Massage- und Visualisierungsübungen bewährt. Ein weiterer wesentlicher Bestandteil sind Bewegungsabfolgen, die jene Energieblockaden in den Meridianen lösen, die das Auftreten der Beschwerden oder der Erkrankung begünstigt haben. In meinen anderen Büchern habe ich viele solcher bewegten Übungen vorgestellt, die zum Lösen solcher Energieblockaden genutzt werden können. Daher lege ich in diesem Werk den Schwerpunkt auf sanfte Massageübungen, welche sich als sehr wirkungsvoll erwiesen haben. Sie werden seit mehreren Jahrzehnten mit Erfolg in das Behandlungsangebot von Tinnituskliniken eingebunden und haben ebenso einen festen Platz bei der Therapie anderer Ohrenbeschwerden.

Qigong als Möglichkeit, neue Wahrnehmungsebenen zu entdecken

Beginnt man, ein sensibles Empfinden für feine Energien zu entwickeln, ist es möglich, Problemen bereits im subklinischen Stadium entgegenzuwirken, wenn noch keine messbaren Symptome festgestellt werden können. Einen Zusammenhang zwischen erkrankten Organen und den jeweiligen Leitbahnen (S. 25) wies unter anderem der Arzt Dr. Ioan Dumitrescu in seinen interessanten Forschungen nach. Seit den 1970er- und 1980er-Jahren nahm die Verbreitung von Qigong-Stilen immer mehr zu – heute existieren mehrere Hundert. Begünstigt wurde dies unter anderem dadurch, dass sich China dem Westen gegenüber immer weiter öffnete. Heutzutage erfreut sich Qigong einer immer größer werdenden Beliebtheit. Es wird sowohl vorbeugend als auch bei bestehenden Beschwerden unterstützend eingesetzt und dient der körperlichen Gesundheit sowie der Harmonisierung von Geist und Körper. Zudem unterstützt Qigong auch dabei, viel feinere »Ebenen« unserer Welt wahrzunehmen.
Klangebenen beispielsweise können unterschieden werden in

- hörbare Klänge wie Gesang oder Sprache,
- subtile Töne wie Flüstern,
- mentale Klänge wie etwa ein Musikstück, das als »Ohrwurm« im Kopf verharrt,
- und eine Klangebene, die vom menschlichen Ohr nicht wahrgenommen werden kann und von der man sagt, sie gehöre einer anderen Dimension an.

In diese andere Dimension kann man über Qigong-Übungen oder Meditation eintreten und in der absoluten Stille Klänge wahrnehmen – eine innere Musik, die wir alle in uns haben und die man nur in einem ruhigen inneren Zustand hören oder wahrnehmen kann. Dies mag im ersten

Moment sehr abstrakt oder gar esoterisch klingen, aber vergewissern Sie sich einfach selbst. Jeder Mensch hat einen eigenen Klang, sagen traditionelle Kulturen. Jeder schwinge anders und habe ein eigenes individuelles Lied, welches in besonderen Momenten von einem selbst oder von anderen wahrgenommen werden könne, entsprechende Sensibilität vorausgesetzt. Im besten Fall schaffen wir es, unser Hörvermögen nicht nur für die physische Welt zu verbessern, sondern auch die Wahrnehmung dieser besonderen inneren Klänge (damit sind natürlich nicht Ohrgeräusche gemeint) zu fördern.

Die Wirkungen von Qigong für die Ohren

Die Wirkungen, die man über Qigong auf den gesamten Organismus ausüben kann, sind äußerst vielfältig und wurden inzwischen durch zahlreiche wissenschaftliche Studien bestätigt.

Obwohl die Übungen unglaublich einfach und sanft sind, ist ihre heilende Kraft bei regelmäßigem Üben enorm. Indem wichtige Energiepunkte (Akupunkturpunkte) und Energieleitbahnen (Meridiane) stimuliert werden, ist es möglich, bei Beschwerden gezielt auf die entsprechenden Organe und Körperbereiche einzuwirken und schnell Linderung zu schaffen. Dies gilt für eine große Bandbreite an Beschwerden, unter anderem für die in diesem Buch behandelten Ohrenprobleme. Dabei verstärken die Übungen unter anderem die Selbstregulationsmöglichkeiten des Körpers, gleichen entstandene Energieungleichgewichte aus und stärken die eigene Lebens- und Widerstandskraft.

Neben den direkten Einwirkungen auf den physischen und feinstofflichen Körper entwickeln sich bei regelmäßiger Übungspraxis Fähigkeiten im Bereich der Selbstbeobachtung, Selbstwahrnehmung und des Mitgefühls für sich selbst. Dies hilft dabei, in körperlichen oder emotionalen Reaktionen verborgene Botschaften besser zu erkennen. Sie liefern uns Wissen über uns selbst und unsere Umgebung und unterstützen im Idealfall nicht nur in Bezug auf unsere Ohren, sondern auf alle Bereiche unseres Lebens. Zugleich fördern sie die Neuroplastizität, die Fähigkeit unseres Gehirns, sich lebenslang kontinuierlich zu verändern und an unterschiedliche Reize anzupassen. Vor allem in Bezug auf Tinnitus ist dies wichtig, muss doch in gewisser Weise das Gehirn lernen, einem Ton nicht mehr die bisherige starke Beachtung zu schenken.

Die innere Ruhe, die bei regelmäßiger Übungspraxis ganz nebenbei entstehen kann, wird Sie in Ihrer Gesundheit und in Ihrem Alltag zusätzlich unterstützen. Die Sensibilität für feinstoffliche Energien wird Ihr Hörvermögen stärken, da wir – auch wenn es anfangs seltsam klingen mag – nicht nur mit unseren Ohren hören. Nachgewiesenermaßen können wir auch durch unsere Haut und das Wasser hören, das einen Großteil unseres Körpers ausmacht. Wasser vermag Schall schneller zu leiten als Luft, und unser Körper kann auftreffende Schall- und Druckwellen im eigenen Inneren weiterleiten. Auch die Knochen sind sehr leitfähig. Ja, sie sind es sogar in einem solchen Ausmaß, dass Ärzte mithilfe von Stimmgabeln feststellen können, ob ein Patient einen Knochenbruch hat: Ein klarer Ton weist auf einen unverletzten Knochen hin, wohingegen ein gedämpfter oder fehlender Ton auf eine Unterbrechung der Schallwellen hindeutet.

Je sensibler die eigene Wahrnehmung wird, desto besser ist es möglich, auch ohne den Einsatz der Ohren zu hören. Das konnte in Laboren nachgewiesen werden: Einzelne Wörter und Silben konnten von Versuchsteilnehmern wiedergegeben werden, obwohl lediglich unhörbare Signale auf die Haut übertragen wurden. Ebenso konnten Personen, deren Ohren aus physischen Gründen nicht funktionsfähig waren, hörbare Töne wahrnehmen. Doch auch wenn man daran sieht, dass viel mehr möglich ist, als wir normalerweise glauben – in diesem Buch kon-

zentrieren wir uns auf unsere Ohren an sich sowie auf die leicht umsetzbaren und in den Alltag integrierbaren Möglichkeiten zu deren direkter, wirksamer Unterstützung.
Die Massagetechniken können schmerzlindernd wirken, auch wenn die entsprechende Übung selbst anfangs gelegentlich als schmerzhaft empfunden wird. Leider werden die Selbstmassagen oft unterschätzt, sie können jedoch sehr unterstützend sein. Falls Sie während der Massage ein unangenehmes Gefühl verspüren, ist dies meist kein Grund zur Beunruhigung: Löst sich eine Qi-Blockade oder Stauung im Körper, führt dies leider anfangs oft zu unangenehmen Empfindungen. Genauso kann zu Beginn die Körperregion wehtun, durch die die Energieleitbahn (der Meridian) verläuft, in welcher ein Energieungleichgewicht besteht – beziehungsweise die Stelle, die energetisch mit einem sich im Ungleichgewicht befindenden Körperbereich verknüpft ist. (Dies gilt natürlich nicht für Schmerzen, die aufgrund einer Verletzung auftreten.) Je stärker die Disharmonie, desto schmerzhafter die Körperstelle. Sobald die entsprechende Energiestörung ausgeglichen ist, wird die jeweilige Region nicht mehr unangenehm auffallen. Es muss auch gar nicht immer schmerzen: Die Übungen können durchaus auch unmittelbar oder längerfristig schmerzlindernd wirken – ein Effekt, der durch die Ausschüttung von Endorphinen, sogenannten Glückshormonen, begünstigt wird.
Weiterhin kann man gelegentlich beobachten, dass sich bei einer regelmäßigen Übungspraxis die Ausscheidungen über Haut, Niere und Darm anfangs erhöhen. Auch dies stellt keinen Grund zur Besorgnis dar. Es zeigt lediglich, dass der Körper Giftstoffe abtransportieren möchte.
Und schließlich sollten Sie nicht besorgt sein, falls Ohrgeräusche kurzzeitig lauter hörbar sind. Dies ist in den meisten Fällen als sogenannte Erstverschlimmerung einzuordnen. Zudem kann natürlich eine Steigerung der Achtsamkeit und Wahrnehmungsfähigkeit Ohrgeräusche kurzfristig deutlicher wahrnehmbar machen.

Nicht zu verwechseln sind Qigong-Übungen zur Stärkung der Ohren mit der Ohrakupunktur oder Ohrmassage. Es gibt ein chinesisches Sprichwort, welches die Bedeutung der Ohrmassage unterstreicht: Es weist darauf hin, dass die Ohren eine geheime Quelle des Lebens sind und die Geheimnisse der Schöpfung bergen. Ebenso besagt es, dass es möglich sei, über regelmäßige Ohrenmassagen verschiedene Meridiane zu öffnen, den Energiefluss zu verbessern, die inneren Organe zu stärken sowie Krankheiten und Beschwerden vorzubeugen oder sie zu heilen. Dieser Effekt beruht darauf, dass die Reflexzonen der Ohren verschiedene innere Organe und Körperregionen repräsentieren. Die Ohren (wie auch die Augen, die Handflächen oder die Fußsohlen) können als Landkarte des gesamten Körpers betrachtet werden, auf der Störungen sichtbar werden und über die sie auch behandelt werden können. Das Kneten von Ohrmuschel und Ohrläppchen ist immer empfehlenswert – Sie unterstützen so Ihre allgemeine körperliche Gesundheit. In diesem Buch widmen wir uns jedoch den Akupunkturpunkten, welche gezielt die Ohrengesundheit und nicht die Gesundheit allgemein stärken.

Wann sollten Sie Qigong für die Ohren nicht anwenden?

Die vorgestellten Übungen können jederzeit und von jedem Menschen praktiziert werden. Lediglich die Massageübungen sollten während der Schwangerschaft nur sehr leicht und sanft und in Rücksprache mit einem Therapeuten durchgeführt werden. Dies gilt auch bei Krebserkrankungen und bei allen Arten von Verletzungen.

Wissenswertes über unsere Ohren und das Hören

氣

Anatomie und Funktionsweise der Ohren

Für die Behandlung von Ohrenproblemen ist es hilfreich, den wesentlichen Aufbau dieses beeindruckenden Organs zu kennen. Das Ohr wird in drei Abschnitte unterteilt: das äußere Ohr, das Mittelohr sowie das Innenohr. Aus anatomischer Sicht enthält das Ohr zwei Sinnesorgane, die unterschiedliche Funktionen haben und zusammen das Innenohr bilden.

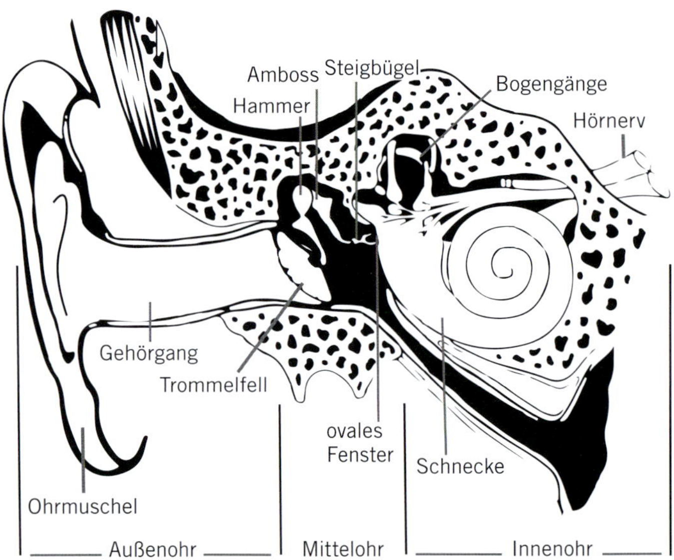

Die Ohrmuschel, ein von Haut überdeckter Knorpel, und der äußere Gehörgang bilden zusammen das äußere Ohr. Es überträgt Schallwellen ins Mittelohr, indem die Ohrmuschel die Schallwellen auffängt und über den äußeren Gehörgang zum Trommelfell leitet. Das Trommelfell, eine feine Membran, trennt das äußere Ohr vom Mittelohr. Es wird je nach Frequenz und Intensität der auftreffenden Schallwellen in Schwingung versetzt. Über die drei im Mittelohr liegenden Gehörknöchelchen Hammer, Amboss und Steigbügel werden die Schwingungen ans Innenohr weitergeleitet: Der Hammergriff am einen Ende der Gehörknöchelchenkette ist fest mit dem Trommelfell verwachsen, die Fußplatte des Steigbügels verschließt das ovale Fenster als Übergang zum Innenohr. Im Innenohr werden die Schallwellen mithilfe von Tausenden Sinnesrezeptoren (Haarzellen) in elektrische Impulse umgewandelt. Dies geschieht in dem Teil des Innenohres, den man als Schnecke bezeichnet und der fürs Hören zuständig ist. Der Hörnerv schließlich leitet die elektrischen Muster als Nervensignale zum Hörzentrum des Gehirns weiter, wo sie mit anderen Mustern abgeglichen werden, die im Hörgedächtnis gespeichert sind. Bei diesem komplexen Vorgang ist unser Ohr keineswegs nur ein passives Empfangsorgan, sondern es gestaltet die Wellenstrukturen der Gehörflüssigkeit aktiv mit.

Die hier geschilderte kontinuierliche mechanische und elektrische Aktivität kann mit empfindlichen, computergesteuerten Abhörgeräten erfasst werden. Die dabei entstehenden Schallabstrahlungen werden als otoakustische Emission bezeichnet.

Neben der Schnecke als Hörorgan beinhaltet das Innenohr aber auch noch die Bogengänge und den Vorhof, die zusammen das Gleichgewichtsorgan bilden. Hier werden Lageveränderungen des Körpers registriert, insbesondere die des Kopfes. Somit ist das Innenohr nicht nur für das Hören, sondern auch für den Gleichgewichtssinn zuständig. Es erkennt Kopfbewegungen sehr präzise und leitet die Informationen über den Gleichgewichtsnerv an das Gehirn weiter.

In der traditionellen chinesischen Medizin spricht man davon, dass eine ordnende Kraft *Tingshen* (entspricht dem Gehör) die Töne wahrnimmt, die in das Innenohr eindringen. Über *Tingmai*, die Leitbahn des Gehörs, werden sie in die sogenannte Versammlungshalle der ursprünglichen ordnenden Kraft *Shen* weitergeleitet und von dieser analysiert und unterschieden. Von *Zhenshui* (dem »echten Wasser«, das der Peri- und Endolymphe entspricht) und *Shen* wird der Gleichgewichtssinn im Innenohr gehalten.

Ursachen von Ohrenbeschwerden aus westlicher und östlicher Sicht

»Es wird eine Zeit kommen, wo man nicht so sprechen wird, wie die heutigen Psychologen oder Seelenlehrer über irgendeine krankhafte Empfindung sprechen, sondern [...] so [...] wie gegenüber einem verstimmten Klavier: in musikalischer Ausdrucksweise.«
(Rudolf Steiner)

Es gibt verschiedenste Ursachen für Ohrenbeschwerden, sodass hier lediglich ein kurzer, unvollständiger Einblick gegeben werden kann. Wenn Sie unter Ohrenbeschwerden leiden, wenden Sie sich an Experten, denen Sie vertrauen, um ein umfassendes Bild zu möglicher/(n) Ursache(n) und Behandlungsmöglichkeiten zu bekommen. Informieren Sie sich auch über andere zuverlässige Quellen wie Fach- oder Sachbücher. Je besser Sie informiert sind, desto besser werden Sie sich für den Weg entscheiden können, der Sie am besten unterstützt. Lassen Sie sich nicht von der Fülle an Möglichkeiten und Meinungen verunsichern. Probieren Sie den Weg aus, der Sie persönlich anspricht. Entscheiden Sie für sich selbst.

URSACHEN VON SCHWERHÖRIGKEIT

Ein vermindertes Hörvermögen kann aus schulmedizinischer Sicht viele Ursachen haben, seien es Schädigungen des Außen-, Mittel- oder

Innenohrs, des Hörnervs oder des Gehirns selbst. Es ist auch möglich, dass die Weiterleitung des Schalls im Gehörgang oder im Mittelohr durch Flüssigkeit, Infektionen oder Probleme der Gehörknöchelchen behindert wird.

Veränderungen im Innenohr können zudem dazu führen, dass Schallwellen nicht in Nervensignale umgewandelt werden. Als Erklärung für solche Innenohr-Probleme nennt die Schulmedizin unter anderem Lärmbelastung, Medikamenteneinnahme oder Alterungsprozesse. Der Hörnerv, der die Schallinformation ans Gehirn weiterleiten soll, kann durch eine Kopfverletzung oder einen Tumor geschädigt sein. Und schließlich kann die Ursache für Schwerhörigkeit im Gehirn selbst liegen, falls hier die ankommenden Informationen nicht richtig empfangen und verarbeitet werden können. Gründe sind beispielsweise Kopfverletzungen, Schlaganfälle oder Infektionen.

URSACHEN VON TINNITUS

Tinnitus ist ein Beschwerdebild, bei dem ein Geräusch wahrgenommen wird, das keine äußere Ursache hat. Ein Tinnitus kann durch Störungen des Innenohrs, des Hörnervs oder des Gehirns verursacht sein. Ebenso kann die Ursache in einem turbulenten Blutfluss liegen, welchem wiederum ein hoher Blutdruck, Blutgefäßveränderungen, Aneurysmen oder Tumoren zugrunde liegen können.

Kopfverletzungen, Stress, Schlaganfälle sowie Tumoren können Kontraktionen der Muskeln in der Nähe des Ohrs verursachen, welche einen Tinnitus auslösen können. In sehr seltenen Fällen kann die Ursache auch in einer gutartigen intrakraniellen Hypertonie liegen.

All diese Ursachen findet man zwar auch in der traditionellen chinesischen Medizin, jedoch wird der Körper hier in erster Linie im Hinblick auf das Gleichgewicht von Yin und Yang betrachtet. Es geht immer um die Harmonie und Ausgeglichenheit von Körper und Geist. Sind diese gestört, zeigt es sich früher oder später in Form von Beschwerden oder einer Erkrankung.

Als Ursachen kommen laut TCM die sechs äußeren Einflüsse (Wind, Kälte, Hitze, Feuchtigkeit, Trockenheit und Glut), die sieben inneren Einflüsse (Emotionen wie z. B. Zorn, Trauer, Angst) und sonstige Einflüsse (wie Ernährung, Überarbeitung etc.) in Betracht. Emotionen kann man im übertragenen Sinn auch als inneren Wind, innere Glut, innere Feuchtigkeit, innere Trockenheit und innere Kälte bezeichnen.
Einige Beispiele: Wenn aufgestaute Wut die (ihr zugeordnete) Leber-Energie schädigt, kann dies zu einem Spannungs-, Druck- und Verstopfungsgefühl im Ohr sowie zu Schwerhörigkeit und Benommenheit führen. Bei übermäßigem Grübeln und Sich-Sorgen kann sowohl die Milz-, die Magen- als auch die Herz-Energie geschädigt werden, was ebenfalls zu Schwerhörigkeit und Benommenheit führen kann. Ein Beispiel für äußere Einflüsse ist Kälte. Sie kann die Körperoberfläche in Mitleidenschaft ziehen und auch die Meridiane des Körpers schädigen. Die Beschwerden haben tendenziell einen langsamen Krankheitsbeginn und umfassen unter anderem Ohrensausen, Ohrenschmerzen oder eitrige Ohrsekretionen. Wie sehr Ernährung oder Überarbeitung Ohrenbeschwerden verstärken kann, wissen Betroffene nur allzu gut. Eine Erklärung findet sich darin, dass jedes Nahrungsmittel einen direkten Einfluss auf die Meridiane hat und den Energiefluss entweder hemmen oder fördern kann. Überforderung schwächt in erster Linie die Nieren-Energie, welche einen sehr starken Bezug zu den Ohren hat.
Beim Beschwerdebild Tinnitus unterscheidet man in der TCM zwischen energetischer Überladung und energetischer Schwäche, sprich zwischen Fülle oder Leere. Erstere ist charakterisiert durch ein plötzliches Einsetzen, ein lautes und oft hohes Geräusch sowie eine Verschlimmerung, wenn man die Hände auf die Ohren legt. Meist entsteht ein solcher Tinnitus durch laute Geräusche. Dann ist es in der Regel hilfreich, die Leber-Energie zu besänftigen und Qi absinken lassen.
Tinnitus, der durch eine energetische Schwäche charakterisiert ist, verschlimmert sich hingegen schrittweise, zeigt sich tendenziell mit

einem leisen Geräusch und verbessert sich durch das Auflegen der Hände auf die Ohren.
Tinnitus-Betroffene finden weitere Informationen im Zusatzkapitel Tinnitus ab Seite 69.

> Grundsätzlich kann man sagen, dass plötzlich auftretende Beschwerden tendenziell auf eine Überladung hindeuten, während langsam einsetzende Beschwerden auf eine energetische Schwäche schließen lassen.

ENERGETISCHE URSACHEN

Jedem sogenannten Funktionskreis ist in der TCM ein Sinnesorgan zugeordnet. Dieser Auffassung zufolge besteht ein enger Zusammenhang zwischen dem Nierenmeridian (S. 26) und den Ohren beziehungsweise dem Gehör. Leidet man unter Hörproblemen, kann dies nach chinesischer Lehre somit als ein Zeichen für einen Mangel an Nieren-Energie verstanden werden. So geht man beispielsweise bei gehörlosen (Klein-) Kindern oftmals von einem angeborenen Nieren-(Yang-)Mangel aus. Eine partielle Hörminderung, wenn bestimmte Frequenzen nicht gehört werden, wird als ein Nieren-(Yin-)Mangel bezeichnet. Und in der Tat gelang es in vielen Fällen, die Hörfähigkeit zu verbessern, indem der Nierenmeridian gestärkt wurde.
Ein sehr häufiger Grund für Ohrenbeschwerden in unserer heutigen Zeit ist eine Schwächung der Nieren-Energie. Da diese meist mit zunehmendem Alter abnimmt, sind Ohrenbeschwerden oftmals in fortschreitendem Alter anzutreffen. Dies ist jedoch keinesfalls eine Regel, wie die zunehmende Anzahl jüngerer Menschen mit Ohrenproblemen es leider zeigt. Überarbeitung und ein unregelmäßiger Lebensstil schwächen die Nieren-Energie. Dies gilt ebenso für übermäßige sexuelle Aktivität.

EMOTIONALE URSACHEN

Emotionale Anspannung, Zorn, Ärger, starke Unzufriedenheit und Schuldgefühle hemmen den freien Qi-Fluss im Lebermeridian (S. 29) und fördern ein Leber-Feuer, welches nach oben aufsteigen und die Ohren beeinträchtigen kann.

Weitere Emotionen, die gemäß traditioneller chinesischer Medizin Einfluss auf die Hörfähigkeit haben können, sind Traurigkeit und Kummer. Sie hemmen die Lungen-Energie und verhindern, dass diese zu den Ohren aufsteigen kann. Macht man sich häufig viele Sorgen und nimmt sich die Dinge sehr zu Herzen, kann dies dazu beitragen, dass die Herz-Energie nicht bis zu den Ohren aufsteigen kann, um »die Öffnungen zu erhellen«. Das Sprichwort, dass einem etwas auf dem Herzen liegt, ist also fast wörtlich zu verstehen: Der Stein, der metaphorisch auf einem lastet, verhindert das Aufsteigen fördernder Energie.

Schleim gilt auch in der TCM als pathogener Faktor, der die Hörfähigkeit beeinflusst. Ist er im Kopfbereich vorhanden, kann er (nicht nur bildlich gesprochen) die Sinnesöffnungen blockieren. Das Klare soll aufsteigen und das Trübe absinken, damit die Hörfähigkeit nicht beeinträchtigt wird.

Ton und Klang

»Ein Mensch hört Geräusche und Klänge nicht nur über die Ohren; er hört sie durch jede Pore seines Körpers. Sie durchdringen das gesamte Wesen.«
(Alte Volksweisheit)

Klang ist eine essenzielle Grundlage unseres Lebens. Lieder, Gesänge und Tanz gehören zum kulturellen Schatz eines jeden Volkes. Ebenso gab und gibt es Traditionen, die unterschiedliche Phrasen und Gesänge verwend(et)en, um physische, emotionale und spirituelle Zustände hervorzurufen. Dazu gehören zum Beispiel die gregorianischen Gesänge des Christentums, die mystischen Silben des hebräischen Alphabets in der Kabbala, der Gebetsruf des Islam, die Gesänge tibetisch-buddhistischer Mönche zur Vorbereitung auf die Meditation oder die Gebete der indigenen Heiler.

In jeder dieser Traditionen gibt es ein Schwingungsmuster, welches das jeweilige spirituelle Wissen in sich trägt und auf das durch Klang zugegriffen werden kann. Die Schwingung – sei es durch die erwähnten Lieder oder andere Klänge – formt und gestaltet unsere physische Welt und uns. Den Begründern der Sonozytologie (einem Forschungsgebiet, das sich mit Zellgeräuschen beschäftigt), Dr. James Gimzewski und Andrew Pelling, gelang es, Schwingungen der Zellwand zu erfassen und sie so zu verstärken, dass sie für das menschliche Ohr hörbar sind. Sie bewiesen damit, dass unterschiedliche Stoffwechselzustände der Zelle verschiedene Frequenzen auszulösen zu scheinen.

In einigen traditionellen Kulturen gibt es schon seit Jahrhunderten den Brauch, dass die werdende Mutter versucht, sich in die Stille zurückzuziehen und das individuelle Lied des Kindes wahrzunehmen. In manchen Kulturen wird das Lied vor der Empfängnis gesungen, um die Seele des Kindes einzuladen, in anderen bringt die Mutter das Lied dem Vater und nahestehenden Personen während der Schwangerschaft bei. Es wird dann bei der Geburt, bei besonderen Anlässen im Leben des Kindes sowie das letzte Mal beim Tod gesungen.

Hellhörige Menschen berichten ebenfalls von einem eigenen Lied, welches der Körper jedes Menschen ausstrahlt. Da jeder Mensch eine (in der Regel unhörbare) Schwingung von sich gibt, die von seiner ganz individuellen Lebens- und Denkweise und allem bestimmt wird, was die Person an Nahrung oder Eindrücken in sich aufnimmt, ist dies durchaus denkbar.

Umgekehrt ist Schall nachgewiesenermaßen in der Lage, Proteine und zelluläre Funktionen zu verändern.

Schallwellen können über den Schädelknochen direkt auf das Innenohr übertragen werden, ohne dass das Mittelohr beteiligt ist. Man nennt das Knochenleitung des Schalls. Beim sogenannten Rinne-Versuch wird eine Stimmgabel an das Mastoid, eine Knochenvorwölbung am Schädel, gehalten. Sobald der Patient über die Knochenleitung nichts mehr hört, wird die Stimmgabel vor das Ohr gehalten, ohne neu angeschlagen zu werden. Ist das Hörvermögen normal, hört der Patient jetzt wieder einen Ton. Es werden also Knochenleitung und Luftleitung des Schalls miteinander verglichen.
Tatsächlich sind auch andere Strukturen unseres Körpers so leitfähig, dass Ärzte mithilfe von Stimmgabeln feststellen können, ob ein Patient einen Knochenbruch hat. Dies ist im Westen bereits seit dem 16. Jahrhundert bekannt. Ein klarer Ton weist auf einen unverletzten Knochen hin, wohingegen ein gedämpfter oder fehlender Ton auf eine Unterbrechung der Schallwellen und damit auf eine Fraktur hindeutet.

Als Schall übertragene Schwingungen werden in Hertz (Hz) gemessen, der SI-Einheit für Frequenz. Angegeben wird so, wie viele Schallwellen pro Sekunde existieren. Die mittlere C-Note eines Klaviers hat beispielsweise 262 Hz. Das bedeutet, dass beim Anschlagen dieser Note jede Sekunde 262 Schwingungen auftreten.

Es gibt Frequenzen, die zu hoch oder zu niedrig sind, als dass das menschliche Ohr sie wahrnehmen könnte. Die Schwingungen werden aber von unserem Nervensystem registriert. Die Bandbreite umfasst einerseits Frequenzen von unter 20 Hz (Infraschall) und andererseits solche von über 20000 Hz (Ultraschall). Im Vergleich: Die Grundfrequenz einer typischen erwachsenen Frauenstimme liegt bei 165 bis 255 Hz, während die einer typischen Männerstimme bei 85 bis 180 Hz liegt. Ultraschall wird seit Längerem therapeutisch verwendet, beispielsweise zum Aufbrechen von Nieren-, Harnleiter- oder Gallensteinen oder auch für bestimmte nichtinvasive Operationsverfahren. Auch an der Anwendung von Infraschall wird in der Medizin geforscht. Alles lässt sich also auf Klang und Ton herunterbrechen und ebenso kann alles über Klang und Schwingung beeinflusst werden. Sich dessen gewahr zu werden, hilft, die Phänomene der Welt aus der Bewegung heraus zu verstehen.

Im alltäglichen Sprachgebrauch wird oft kein Unterschied zwischen den Begriffen Klang, Ton und Geräusch gemacht. Kennen Sie ihn? Bei einem Ton handelt es sich um gleichmäßige und einheitliche Schwingungen. Ein Audiosignal mit genau einer Frequenz wird in der Akustik als (reiner) Ton bezeichnet. Geräusche hingegen sind ein unregelmäßiges und uneinheitliches Durcheinander von Schwingungen – ohne eine exakt bestimmbare Tonhöhe und ohne ein bestimmtes Frequenzverhältnis. Ein Klang ist ein Grundton, der von weiteren Tönen mit ganzzahligen Vielfachen der Grundfrequenz überlagert wird. Diese Töne bezeichnet man als Obertöne oder Harmonische.

Energieleitbahnen mit Bezug zu den Ohren

Der Nierenmeridian ist der Meridian (die Energieleitbahn) unseres Körpers, welcher besonders stark mit den Ohren beziehungsweise mit dem Hörvermögen in Verbindung gesetzt wird. Allerdings werden unsere Ohren auch von anderen Meridianen und Organen beeinflusst. Sehr wichtig ist zum Beispiel auch die Energie des Herzens und der Lunge. An den Ohren kommen mehrere Leitbahnen zusammen. So passieren beispielsweise der Gallenblase-, der Dreifach-Erwärmer- sowie der Dünndarmmeridian direkt die Ohren. Die auf diesen Meridianen befindlichen Akupunkturpunkte werden gerne zur Behandlung von Ohrenbeschwerden verwendet; entsprechende Übungen finden Sie im Übungskapitel (ab S. 46). Im Folgenden soll das Hauptaugenmerk auf der Beschreibung der Meridiane liegen, die am stärksten an der Entstehung von Ohrenbeschwerden beteiligt sind.

NIERENMERIDIAN

»Die Niere öffnet sich in den Ohren. Wenn die Niere gesund ist, können die Ohren die fünf Laute hören.«
(Aus dem Huangdi Neijing, 17. Kapitel)

Der Nierenmeridian wird der Wandlungsphase Wasser zugeordnet. Er dominiert, befeuchtet und nährt die Ohren, unterstützt dadurch die Hörfähigkeit und ist insbesondere für die Behandlung von Tinnitus und Taubheit sehr wichtig. Aufgrund der engen Beziehung zu den Ohren werden diese oft als Palast der Nieren bezeichnet. Man sagt, in den Nieren sei das sogenannte vorgeburtliche Qi gespeichert, welches eng mit unserer Widerstandsfähigkeit und Vitalität in Verbindung steht. Der Nierenmeridian sorgt für die Wachstumsfähigkeit (beispielsweise Zellbildung) und Temperaturregelung des Körpers, ebenso stärkt er Beständigkeit und Durchhaltevermögen. Symptome wie Schatten, Verfärbungen und/oder Gewebequellungen unter den Augen, Ohrenleiden, Hörprobleme, Antriebs- und Kraftlosigkeit, fehlender Lebensmut, Ängstlichkeit, Unfruchtbarkeit, Wachstumsstörungen, Kälteempfindlichkeit, Müdigkeit, Lendenschmerzen, Rheuma, Libidostörungen, Hormonstörungen, Ödeme, häufiges Nasenbluten, morgendliche Kraftlosigkeit in den Fingern, brüchige Knochen, schmerzhafte Fußsohlen, Druck in der Kniekehle, Knie- und Kreuzschmerzen sowie Haarausfall deuten auf einen Energiemangel im Nierenmeridian hin.

Auf psychischer Ebene zeigt sich ein solcher Mangel in der Tendenz zu zwanghaftem Arbeiten und Überreaktionen sowie in der Neigung, sich durch Überarbeitung in einen starken Erschöpfungszustand zu bringen. Phobien, Schreckhaftigkeit und Willensschwäche sind ebenfalls typisch.

Der Nierenmeridian wird unter anderem durch anhaltenden Drogenkonsum, schwerere Erkrankungen, langfristig bestehende Angstzustände, anhaltenden Hunger, übermäßigen Zuckerkonsum, Vitaminmangel und eine exzessive Lebensweise in Form von Dauerstress, Schlafmangel und Dauerlärm geschwächt. Auch eine ausschweifende Sexualität und ein unregelmäßiger Lebensstil beeinträchtigen ihn. Ebenso verliert er mit zunehmendem Alter an Energie (nicht nur, jedoch meist aufgrund des Lebensstils und langjähriger Berufstätigkeit), sodass Beschwerden wie eine Hörminderung oftmals in späterem Alter auftreten.

Doch eine Nierenmeridian-Schwäche kann durchaus auch junge Menschen betreffen, denn zwischen Nieren-Energie und körperlicher Aktivität herrscht eine direkte Verbindung, und unser heutiger Lebensstil ist meist kein Freund der Nieren-Energie. Körperliche Überanstrengung kann Hörbeschwerden begünstigen. Viele Menschen, die an Burn-out leiden, entwickeln eine Hörminderung oder Ohrgeräusche wie Tinnitus. Gleiches kann nach traumatischen Ereignissen geschehen. Darauf weisen auch Redewendungen hin, zum Beispiel wenn uns »etwas an die Nieren geht«. Weiter steht das Qi der Nieren auch mit den Knochen in Verbindung, sodass sich auch deren Zustand auf das Hörvermögen auswirken kann.

Bei einer energetischen Schwäche des Nieren-Yin kann das Wasser (Niere) das Feuer (Herz) nicht mehr unter Kontrolle halten. Man spricht in diesem Fall davon, dass eine Glut emporschlägt und die klaren Körperöffnungen stört. Dadurch kann es zu partieller Hörminderung, Ohrensausen (vor allem nachts), Drehschwindel oder Eiter im Ohr kommen. Bei einer energetischen Schwäche des Nieren-Yang lässt das sogenannte ministerielle Feuer nach, wodurch auch die Ohren nicht mehr genügend erwärmt und genährt werden, sodass (bildlich) Kälte und Wasser aufsteigen, was Schwerhörigkeit, Ohrensausen, Drehschwindel, Tinnitus, Spannungsgefühle oder Schmerzen im Ohr auslösen kann.

HERZMERIDIAN

Gemäß TCM unterliegt dem Herzen die Kontrolle und Koordination aller Sinne. Somit kontrolliert und koordiniert das Herz auch die Ohren (und damit die Hörfähigkeit).

Zwar ist jeder Sinn mit einem bestimmten Organ verbunden (Geruchssinn mit der Lunge, [Mund-]Geschmackssinn mit der Milz, Hörsinn mit der Niere, Sehsinn mit der Leber, Tastsinn mit dem Herz). Es ist jedoch der mit dem Herz verbundene Geist, welcher alle Sinneswahrnehmungen empfängt und für sie verantwortlich ist.

Man sagt, die Ohren leiten den Hörsinn unter Führung des Herzmeridians an. Wenn Herz- (Wandlungsphase Feuer) und Nieren-Energie (Wandlungsphase Wasser) sich gegenseitig regulieren und harmonisieren, sei der Hörsinn gut, so sagen die Chinesen. Ist die Yin-Kraft der Niere schwach, kann bildlich das Wasser (Niere) das Feuer (Herz) nicht bezwingen, die Verbindung zwischen beiden wird geringer, und die Glut der Herz-Energie schlägt allein empor. Dabei stört sie Körperöffnungen im oberen Körperbereich wie die Ohren, was zu Schwerhörigkeit, Schlafstörungen, Ohrensausen und Ohrgeräuschen führen kann. Sind die Energien ausgeglichen, transportiert die Herz-Energie Qi und Blut zu den Ohren, sodass diese genährt werden und ihren Funktionen nachkommen können.

LUNGENMERIDIAN

Man sagt, dass die Lunge die Körperseele Po beherberge, die alle Sinne aktiviert. Durch die Körperseele tritt die Essenz im Köper ein und aus, wodurch sie für alle physiologischen Prozesse und alle Sinne eine Rolle spielen kann. Der Funktionskreis Lunge (Metall) gilt als die Mutter des Funktionskreises Niere (Wasser). Da die Nieren-Energie den engsten Bezug zu unseren Ohren hat, ist somit der Lungenmeridian neben dem Herzmeridian einer der wichtigsten Meridiane in Bezug auf die Hörfähigkeit. Fließt die Lungen-Energie frei und reguliert, dann kann das sogenannte trübe Yin absinken, und die klaren Körperöffnungen werden nicht von Schrägläufigkeiten blockiert, sodass das Hörvermögen nicht beeinträchtigt wird. Das Qi, welches von der Lungen-Energie dominiert wird, kann zu den Ohren gelangen und ein klares Hören ermöglichen.

LEBERMERIDIAN

Die Leber-Energie gilt als das Kind der Nieren-Energie, welche die Ohren dominiert. Nicht zuletzt aus diesem Grund sind Leber- und Nieren-Energie eng miteinander verbunden und notwendig für eine gute Hörfähigkeit. Besteht eine emotionale Unausgeglichenheit, staut sich das Qi des Lebermeridians und führt mit der Zeit zu Glut. Plötzliche Wut und Zorn können ebenfalls zu einer emporschlagenden Glut führen und die Leber-Energie schwächen. Als Symptome können beispielsweise Ohrensausen, Kopfschmerzen, eine starke Rötung des Gehörgangs oder des Trommelfells (eventuell mit einer Vorwölbung oder Perforation) oder ein Ohrgeräusch mit einem plötzlich einsetzenden, tieffrequenten, relativ lauten Ton auftreten. Auch Schwellungen, Hitzegefühl oder Schmerzen im Bereich des Gehörgangs sind möglich. In Kombination mit einer disharmonischen Nieren-Energie kann dies bis hin zu Schwindel, Tinnitus mit einem tendenziell schwachen, allmählich einsetzenden Ton oder sogar Taubheit führen. In der Tat sind Leber- und Nierenmeridian bei Tinnitus häufig involviert.

Der Lebermeridian hängt zudem eng zusammen mit dem Gallenblasenmeridian, welcher unter anderem wie eine Sichel um das Ohr herum verläuft. Die beiden bilden ein sogenanntes Organpaar, bei dem die Leber die Yin-Kraft und die Gallenblase die Yang-Kraft repräsentiert. Die Symptome, die sich bei einem Energieungleichgewicht zeigen, sind denen des Lebermeridians sehr ähnlich.

MILZMERIDIAN

Der Milzmeridian ist die Wurzel der angeborenen Konstitution. Er ist unentbehrlich für das Hervorbringen und Umwandeln von Qi. Dieses wiederum ist wichtig, damit die Ohren von Qi befeuchtet und genährt werden können. Wird der Milzmeridian geschwächt, beispielsweise durch schlechte Ernährung, ungenügendes »Verdauen« mentaler Einflüsse oder zu viel Grübeln, kann es zu starken Ohrenschmerzen oder eitrigem Sekret kommen.

Akupunkturpunkte für die Ohren

Im Folgenden werden Akupunkturpunkte vorgestellt, die sich bei der Behandlung von Ohrenerkrankungen besonders bewährt haben. Wo sich die Akupunkturpunkte genau befinden, sehen Sie auf den Übersichtsdarstellungen am Ende des Buchs (S. 93–95). Diese Illustrationen sind auch eine gute Vorlage für die Übungen, um die beschriebenen Stellen zielgenau zu massieren.

Die folgenden Punkte unterstützen die Hörfähigkeit durch Aufsteigen von klarem Yang und Absteigen von trübem Yin im Kopfbereich:

- 3E 16 (Tianyou, S. 93 A): entstaut, hilfreich bei Tinnitus und Hörsturz
- Bl 10 (Tianzhu, S. 94 C): klärt Geist und Ohren, öffnet die Nase
- Ma 9 (Renying, S. 93 A): löst Stauungen, reguliert Qi
- Di 18 (Futu, S. 93 A): löst Schleim

Weitere wichtige Punkte sind:

- Gb 2 (Tinghui, S. 93 A): dient der Harmonisierung des Gehörs und zerstreut sogenannte Wind-Hitze, wird als Treffpunkt des Hörens bezeichnet, unterstützt die Ohren, hilfreich bei Schwerhörigkeit und Tinnitus

- 3E 21 (Ermen, S. 93 A): wird oftmals als Pforte des Ohres bezeichnet, macht die Ohren frei und zerstreut schädliche Hitze
- 3E 17 (Yifeng, S. 93 A): klärt das Gehör und leitet Wind aus, unterstützt bei Ohrenschmerzen, Hörschwäche, Tinnitus und Kiefergelenkschmerzen
- Dü 19 (Tinggong, S. 93 A): »Palast des Gehörs«, einer der wichtigsten und berühmtesten Punkte in Bezug auf die Ohrengesundheit, lindert Hörstörungen aller Art bis hin zu Taubheit, unterstützt bei Tinnitus und Ohrenschmerzen
- Ni 1 (Yongquan, S. 95 H): reguliert und stützt den Qi-Mechanismus, macht die Sinnesöffnungen frei
- Ni 3 (Taixi, S. 95 I): stützt und reguliert Nieren- und Leber-Qi, unterstützt bei Tinnitus
- Bl 23 (Shenshu, S. 94 D): unterstützt Nieren-Qi, klärt das Gehör, unterstützt bei allen Ohrenproblemen, unter anderem bei Tinnitus
- Du 4 (Mingmen, S. 94 D): »Lebenstor«, kräftigt Nieren-Qi, stützt Leber-Qi und senkt Qi im Allgemeinen
- Du 15 (Yamen, S. 94 C): besonders bei Gehörlosigkeit sehr wirkungsvoll, »Stummes Tor«
- Ma 40 (Fenglong, S. 95 K): bewegt Feuchtigkeit und kann daher bei Ohrentzündungen eingesetzt werden, besonders wenn sich zugleich Schleim im Nasen- oder Rachenraum ansammelt

Die emotionale und mentale Ebene von Ohrenbeschwerden

Wie bei allen Beschwerden und Erkrankungen ist es immer empfehlenswert, nicht nur die körperliche Ebene zu betrachten, sondern auch die emotionale und mentale. Gab es zu dem Zeitpunkt, an dem die Ohrenbeschwerden begannen (oder wenige Monate zuvor) ein Erlebnis, das Ihnen sprichwörtlich »an die Nieren gegangen« ist? Dabei kann es sich beispielsweise um den Verlust eines geliebten Menschen oder Tieres handeln, den Verlust des Arbeitsplatzes, eine Scheidung, starke Kritik durch eine Ihnen nahestehende Person oder Ähnliches, das im Körper »nachhallt«. Versuchen Sie sich zu erinnern, wann Sie Ihren Tinnitus zuerst wahrgenommen haben oder – bei chronischen, wiederkehrenden Ohrbeschwerden – wann diese das erste Mal auftraten.

Sehen Sie die Beschwerden als ein Zeichen Ihres Körpers, dass etwas im körperlichen, mentalen oder emotionalen Bereich außer Balance geraten ist. Betrachten Sie dies, so schwer es im Moment auch fallen mag, als Sprungbrett dafür, sich Ihr Leben und sich selbst anzusehen und herauszufinden, was der Körper ausdrücken will. Welche Bereiche des Lebens bedürfen eines genaueren Blicks (Familie, Partnerschaft, Beruf, Freizeitgestaltung ...)?

Damit ist erst einmal keine Aufforderung verbunden, etwas zu ändern, auch wenn dieser Wunsch verständlich und meist naheliegend ist. Es geht in erster Linie lediglich um die Wahrnehmung und darum, möglichst neutral zu beobachten und einzuschätzen. Konzentrieren Sie sich, so gut es geht, nicht auf Ihre Symptome, sondern nehmen Sie die damit verbundenen körperlichen, mentalen und emotionalen Veränderungen so neutral und wertfrei wie möglich wahr. Wie reagiert der Atem, wenn die Beschwerden stärker spürbar werden? Hat er sich womöglich bereits kurz zuvor geändert?

Versuchen Sie, über den Weg der Selbstbeobachtung den Moment kurz vor dem Eintritt der Beschwerden »einzufangen«. War es womöglich ein Gespräch oder ein Gedanke an ein bestimmtes Thema oder eine Auseinandersetzung mit einem bestimmten Menschen oder Menschentyp, was das Symptom auftreten oder stärker werden lässt? Ein Klang oder

ein Duft? Besonders die Dinge, Situationen und Menschen, die wir lieben oder verabscheuen, rufen starke emotionale Reaktionen hervor und werden im Gehirn entsprechend »mit Ausrufezeichen abgespeichert«. Das, was uninteressant scheint und keine emotionale Reaktion hervorruft, wird schneller wieder vergessen und hängt wenig nach.
Gehen Sie, so gut es unter diesen Umständen geht, einige Monate lang auf Entdeckungsreise und betrachten Sie die Beschwerden als ein Werkzeug, sich selbst besser erkunden zu können. Auf diese Weise kann sich zugleich auch ein entspannterer Umgang mit den Beschwerden einstellen, was aufgrund der Beeinträchtigung des Alltags natürlich nicht so leicht ist.

Tipp: Um tiefer in die Zusammenhänge von Emotionen und körperlichen Beschwerden einzusteigen, möchte ich an dieser Stelle das im Irisiana Verlag erschienene Werk »Emotionale Balance finden« empfehlen. Denn vor allem, wenn eine Situation weit zurückliegt und Emotionen unterdrückt wurden, können solche Zusammenhänge nicht selten lange Zeit im Verborgenen bleiben. »Nur« Ihre Beschwerden versuchen, Sie darauf aufmerksam zu machen, dass etwas entdeckt werden kann (oder muss).

Im besten Fall können Sie all die Reaktionen Ihres Körpers dazu verwenden, um innerlich zu wachsen. So erreichen Sie nicht nur eine größere innere Harmonie und Ausgeglichenheit, sondern gehen auch mit einem stärkeren Bewusstsein dafür, was Ihnen guttut und was Ihr Körper braucht, durchs Leben. Konzentrieren Sie sich nicht allein auf Übungen, Ernährungstipps und Ähnliches – all das kann unterstützend sein, doch unter Umständen bedarf es einer zusätzlichen »Innenschau«, um die Beschwerden vollständig in der Vergangenheit ruhen lassen zu können. Lassen Sie sie zusammen mit den Ursachen los, wie die Bäume ihre Blätter im Herbst loslassen, sodass sie zu gutem Dünger für ihr weiteres Wachstum werden.

Hilfreich kann auch ein Tagebuch sein. Notieren Sie sich, was die Beschwerden verstärkt und was sie verringert, falls Sie eine Veränderung (sei sie noch so klein und unscheinbar) bemerken. Welche Menschen, Situationen, Lebensmittel, Tageszeiten, Aktivitäten mindern und welche verschlimmern die Probleme? Gibt es ein Trauma, dessen Sie sich nicht (mehr) bewusst sind, oder einen Lebensbereich, den Sie ungern betrachten mögen? Falls ja, müssen Sie das nicht allein durchstehen und bewältigen – ja, in den meisten Fällen sollten Sie sich sogar Unterstützung von außen holen.

Notieren Sie sich Ihre Gedanken: Sind Sie selbst Ihr größter Kritiker? Falls ja, welche positiven Aspekte können Sie notieren? Üben Sie sich in Offenheit und Mitgefühl mit sich selbst. Notieren Sie gerne auch alle Übungen, Arztbesuche und Untersuchungen, die Sie bis zu diesem Zeitpunkt absolviert haben. Haben Sie einen Arzt oder Therapeuten, dem Sie vertrauen und der Ihnen Zusammenhänge erklärt? Verstehen Sie alle Informationen, auf die Sie bislang gestoßen sind? Wo lohnt es sich, tiefer nachzurecherchieren? Welche Methode fühlt sich am stimmigsten für Sie an? Was lässt sich am leichtesten so in Ihren Alltag integrieren, dass es mittel- und langfristig zu mehr Wohlbefinden führt? Hören Sie auf Ihre innere Stimme.

Gerade in Sachen Tinnitus gibt es viele Therapieansätze und Meinungen, die einen überrollen können. Vergleichen Sie sich nicht mit anderen und wählen Sie den Weg, der sich *für Sie selbst* am stimmigsten anfühlt.

Fragen Sie sich, was Sie im jetzigen Moment tun können, um sich wohlzufühlen. Was braucht Ihr Körper gerade? Beginnen Sie mit Neugierde und vor allem mit Mitgefühl für sich selbst. Es gibt Menschen, die nutzen ein stärker werdendes Ohrgeräusch beispielsweise als Signal, um eine Pause einzulegen und (wieder) mehr auf sich zu achten – das kann mehr Zeit in der Natur, mehr Wasser-Trinken, frühes Zu-Bett-Gehen oder etwas ganz anderes bedeuten. Sie selbst wissen am besten, was Ihnen guttut.

Nehmen Sie Ihre Beschwerden und deren Signale ernst, aber konzentrieren Sie sich nicht zu sehr auf sie. Das ist eine schwierige Gratwanderung, aber im Grunde geht es darum, dass Sie sich nicht zu sehr mit Ihren Beschwerden »identifizieren«. Wenn Sie sich zu sehr darüber ärgern, sich fürchten oder sich darauf konzentrieren, in welcher Art und Weise sie Sie beeinträchtigen, dann geben Sie den Beschwerden mehr Kraft, denn Energie folgt der Aufmerksamkeit.

Nehmen Sie Ihre Beschwerden stattdessen lediglich so gut wie möglich »nur« wahr. Je mehr Bedeutung das Gehirn dem Geräusch zumisst, desto eher wird der Tinnitus chronisch und nimmt an Lautstärke zu. Und desto mehr Geduld müssen Sie aufbringen, um sich von ihm zu befreien.

Übungsgrundlagen

So wird geübt

Eine Übungseinheit besteht jeweils aus einer Vorübung, den ausgewählten Hauptübungen und einer Nachübung. An die Vor- und Nachübung kann man jeweils das sogenannte Öffnen-Schließen anschließen. Hierbei werden beide Hände vor den Körper gehalten, und zwar auf einer Höhe von etwa zwei Daumenbreit unter dem Bauchnabel. Die Handflächen zeigen nach außen (bei Beschwerden und Erkrankungen zeigen beide Handflächen zu Boden). Bewegen Sie die Hände waagrecht zur Seite, bis sie etwa schulterbreit auseinander sind, und atmen Sie dabei sanft durch die Nase aus. Drehen Sie die Handflächen wieder zueinander (bei Beschwerden zeigen sie weiterhin zu Boden) und führen Sie die Hände dann wieder zusammen, während Sie sanft einatmen. Wiederholen Sie diese Bewegung weitere zwei Male, sodass Sie sie am Ende insgesamt dreimal ausgeführt haben.

Versuchen Sie, nicht erst zu üben, wenn bereits Beschwerden aufgetreten sind. Das wäre bildlich gesprochen so, als ob man erst dann beginnt, den Brunnen zu graben, wenn man schon durstig ist. Die vorgestellten Übungen sind ganz einfach und schnell durchzuführen. Idealerweise unterstützen Sie mit ihnen den Körper vorbeugend oder setzen sie zumindest schon beim ersten Anzeichen von Beschwerden ein. Achten Sie auf Ihren Körper und geben Sie ihm zusätzlich das nötige Maß an Ernährung, Schlaf, Ruhe und Bewegung. Üben Sie nach Möglichkeit nicht unmittelbar nach einer Mahlzeit oder nach dem Genuss von Lebensmitteln, die sich auf den Bewusstseinszustand auswirken, wie beispielsweise Kaffee, Tee, Tabak oder Alkohol. Meiden Sie Starkstromleitungen, üben Sie nicht direkt unter einer Stromquelle (Lampe) und achten Sie auf frische Raumluft, möglichst ohne Zugluft.

Vorübung

Die Vorübung dient dazu, Geist und Körper in einen ruhigen und entspannten Zustand zu bringen, damit das in der Hauptübung aktivierte Qi besser fließen und sich die beabsichtigte Wirkung optimal entfalten kann. Auch kann ein ruhiger Geisteszustand ein Energieungleichgewicht besser wahrnehmen, um dieses anschließend möglichst effektiv aufzulösen. Bedenken Sie, dass sich Geist und Körper stets gegenseitig beeinflussen. Sobald Ihr Körper entspannt ist, wird auch Ihr Geist immer ruhiger. Ein ruhiger Geist fördert wiederum die Entspannung von Muskeln und Sehnen und bewirkt ruhigere und tiefere Atemzüge.

Als Vorübung können Sie im Grunde auf alle Ihnen bekannten Entspannungsmöglichkeiten zurückgreifen. Man kann beispielsweise den Körper in Abschnitte unterteilen und die einzelnen Körperbereiche langsam von oben nach unten sowie von unten nach oben bewusst entspannen (bei hohem Blutdruck zweimal von oben nach unten, bei niedrigem zweimal von unten nach oben). Die Hände ruhen dabei locker auf den Oberschenkeln. Bei niedrigem Blutdruck zeigen die Handflächen nach oben, bei hohem oder normalem Blutdruck nach unten, die Finger stets leicht nach innen.

Eine weitere Möglichkeit ist es, sich vorzustellen, man säße unter einem warmen Wasserfall oder einer warmen Dusche. Man versucht zu spüren, wie das Wasser sanft vom obersten Punkt des Kopfes den Körper entlang nach unten gleitet. Spüren Sie dabei das Wasser auf dem Gesicht, zwischen den Fingern bis hinunter zu den Zehen. Lassen Sie es an allen vier Körperseiten sanft hinunterfließen und spüren Sie, wie sich Verspannungen lösen und weggeschwemmt werden. Diese Visualisierungsübung können Sie gut auch eigenständig tagsüber praktizieren, um sich beispielsweise zwischen Terminen zu entspannen.

Hauptübungen

Die Hauptübungen können Sie in beliebiger Reihenfolge und Anzahl anwenden. Unterschieden werden die Übungen in bewegte, stille und Massageübungen. Es bietet sich an, die Massageübungen im Sitzen vor einem Tisch oder einer anderen Unterlage durchzuführen, auf der Sie beispielsweise Ihre Ellenbogen abstützen können.

Der Kopf sollte während der Übungen stets aufrecht gehalten werden und gedanklich an seinem obersten Punkt »am Himmel aufgehängt« sein. Dies sorgt für die Haltung der Wirbelsäule, die ein Aufsteigen des Qi im Körper ermöglicht. Bedenken Sie, dass der Mensch ein Energiekörper ist und daher wie eine Batterie zwei Pole benötigt, damit Energie in ihm fließt. Diese zwei Pole sind in unserem Fall die Himmelsenergie (Yang), die über den obersten Punkt des Kopfes, und die Erdenergie (Yin), die über zwei Punkte auf der Fußsohle aufgenommen wird (die sogenannte »sprudelnde Quelle«, Ni 1, S. 95 H). Wenn Sie möchten, können Sie die Übungen auch mit geschlossenen Augen durchführen. Atmen Sie natürlich, stetig aufeinanderfolgend und sanft fließend ein und aus. Vermeiden Sie zu schnelles und unregelmäßiges Atmen und atmen Sie nicht bis zum Anschlag. Achten Sie darauf, dass Ihre Hände und Beine während der Übung nicht verschränkt sind.

Ablenkungen von der Übungspraxis kommen nicht nur von innen in Form von Gedanken. Sorgen Sie am besten dafür, ungestört zu sein, und schalten Sie Telefon und andere elektrische Geräte aus. In der daoistischen Lehre findet man oft den Begriff der »fünf Diebe«. Gemeint sind hiermit Augen, Ohren, Nase, Zunge und Körper, durch die der Mensch Eindrücke wahrnimmt – diese können ihn so sehr in Bann ziehen, dass er seine Aufmerksamkeit nach außen richtet. Sobald dies geschieht, mindert sich die Verbindung mit dem Selbst, der Körper verliert Energie und wird geschwächt. Nehmen Sie daher Geräusche oder optische Eindrücke während der Übung lediglich wahr, aber konzentrieren Sie sich nicht auf sie. Bleiben Sie bei sich. Wenden Sie sich keinen Geräuschen zu und fixieren Sie nichts mit Ihrem Blick, wenn Sie die Übungen mit offenen Augen durchführen. Mit der Zeit wird es Ihnen gelingen, aufmerksam, wach und eins mit der Übung zu sein, sodass äußere Einflüsse Sie nicht mehr stören oder ablenken. Dies ist insbesondere bei den stillen Übungen von Bedeutung.

Empfehlenswert ist es, verstärkt diejenigen Hauptübungen auszuführen, mit deren korrekter Ausführung Sie anfangs Schwierigkeiten haben. Schwierigkeiten oder ein unangenehmes Gefühl treten oftmals dann auf, wenn in dem entsprechenden oder dazugehörigen Körperbereich ein Energieungleichgewicht herrscht. Manchmal ist es daher sinnvoll, besonders die Übungen zu machen, die einem nicht so viel Spaß bereiten – meistens sind sie es, die Blockaden lösen können.

Bei Beschwerden können Sie sich zur Übungsauswahl an der Liste auf Seite 89 orientieren. Zusätzlich ist es sinnvoll, die Beschreibung der Akupunkturpunkte auf Seite 30–31 durchzugehen und diejenigen Stellen zu massieren, die mit Ihren Problemen in Verbindung stehen. Sie können auch andere auf diese Weise massieren. So können Sie ältere Menschen oder Kleinkinder unterstützen, wenn ein selbstständiges Üben nicht möglich ist. Ansonsten können Sie alle Übungen beliebig oft in beliebiger Reihenfolge durchführen. Empfehlenswert ist ein Übungsprogramm aus bewegten und stillen Übungen. Die Auswahl selbst ist jedoch ganz Ihrem eigenen Gefühl überlassen.

BEWEGTE ÜBUNGEN

Bei den bewegten Übungen handelt es sich um Bewegungsabfolgen, bei denen Sie keine bestimmten Bereiche fest drücken oder massieren müssen. Kinder und Erwachsene können die bewegten Übungen unmittelbar aufeinanderfolgend und ohne zeitliche Begrenzung ausführen.

STILLE ÜBUNGEN

Bei den stillen Übungen handelt es sich um Übungen, bei denen Sie mental arbeiten, ohne den Körper zu bewegen. Es sind Visualisierungsübungen, mit denen Sie lernen, das Qi zu leiten, und zugleich Ihre mentalen Fähigkeiten schulen. Indem man sich beispielsweise auf einen Windhauch konzentriert, der durch eine Körperstelle weht, sorgt man dafür, dass die entsprechende Körperstelle mit mehr Qi versorgt wird. Hier wirkt das Prinzip, dass Energie immer der Aufmerksamkeit folgt. Den direkten und nachweisbaren Einfluss dieser Visualisierungsübungen auf den Körper haben inzwischen mehrere Studien bestätigt, so eine 1995 in der renommierten Zeitschrift Journal of Neurophysiology veröffentlichte Studie der Harvard-Universität. Der Körper kann, kurzgefasst, nicht unterscheiden, ob etwas nur in unserer Vorstellung oder tatsächlich geschieht und reagiert annähernd auf dieselbe Weise. Auch die stillen Übungen können Kinder und Erwachsene unmittelbar aufeinanderfolgend und ohne zeitliche Begrenzung ausführen.

Manchmal kommt es bei den stillen Übungen (manchmal zeitlich verzögert) zu einer körperlichen Reaktion. Diese kann in einem Stechen, Ziehen, Wärme- oder Kälteempfinden oder gar in einer kurzzeitigen Verschlimmerung der Beschwerden bestehen. Machen Sie sich keine Sorgen, falls das bei Ihnen geschieht – solche Reaktionen sind positiv zu bewerten und halten nicht lange an. Führen Sie die Übungen mit weniger intensiver Vorstellung aus und steigern Sie die Übungszeit langsam. Auf diese Weise verringern Sie die Wahrscheinlichkeit einer starken Reaktion.

MASSAGEÜBUNGEN

Die Massagetechniken können Sie im Grunde so oft wiederholen, wie Sie möchten. Ziel ist es, den Energiefluss über bestimmte Körperpunkte auszugleichen. Als Richtwert kann man sie drei- bis viermal täglich bei akuten, alle zwei Tage bei chronischen Beschwerden durchführen.

Die **Massagedauer** kann zwischen wenigen Minuten bis hin zu einer halben Stunde schwanken. (Bei Kindern liegt der Richtwert bei insgesamt etwa zehn Minuten.) Sie richtet sich individuell nach dem Übenden –

massieren Sie so lange, wie Sie sich am wohlsten fühlen. Überstrapazieren Sie die Punkte jedoch nicht, denn eine längere Stimulation ist nicht zwangsläufig effektiver. Bei älteren Menschen dauert das Auflösen von Energieungleichgewichten beispielsweise in der Regel länger, genauso bei Beschwerden, die bereits chronisch sind. Seien Sie daher nicht ungeduldig, falls die Wirkung nicht unmittelbar spürbar ist, selbst wenn sie unter Umständen mehrere Wochen auf sich warten lässt. Lassen Sie zwischen den Massagen etwa fünf Minuten Zeit verstreichen, damit sie erst einmal auf den Körper einwirken können, und fahren Sie dann erst mit der nächsten Übung fort. Auch die Massageübungen können Sie selbst wählen und gestalten, indem Sie einen der auf Seite 30–31 beschriebenen Akupunkturpunkte wählen, der mit Ihren Beschwerden in Zusammenhang steht.

Bei der **Drucktechnik** üben Sie (z. B. mit der Fingerkuppe) einen festen Druck auf den jeweiligen Akupunkturpunkt aus. Gehen Sie mit jeder Ausatmung etwas tiefer in den Punkt hinein. Alternativ können Sie, während Sie Druck ausüben, zeitgleich langsam (beinahe im Zeitlupentempo) in kleinen Kreisen zehn bis 90 Sekunden im Uhrzeigersinn (tonisierende aufbauende Wirkung), dann dieselbe Zeitspanne (alternativ: etwa zwei Drittel der Zeitspanne) gegen den Uhrzeigersinn (ableitende dämpfende Wirkung) kreisen und abschließend dreimal auf den Punkt drücken (stimulierende Wirkung). Mit den kreisenden Bewegungen ist es möglich, gestautes Qi zu lösen, mit dem Drücken wird Qi in die jeweilige Energieleitbahn »gezogen«. Führen Sie diese drei Bewegungen direkt hintereinander aus, bewirkt dies einen Ausgleich der Yin- und Yang- Kräfte. Atmen Sie während des Drückens aus und atmen Sie ein, wenn Sie dem Druck nachgeben. Behalten Sie während der ganzen Zeit durchgehend den Körperkontakt zwischen dem Punkt und dem drückenden Finger bei.

Eine weitere mögliche Technik ist das sogenannte **Punktieren**, bei dem Sie mit der Zeigefingerkuppe klopfende Bewegungen auf den jeweiligen Energiepunkt ausüben. Klopfen Sie mit der Fingerkuppe einige

Minuten rhythmisch auf den jeweiligen Energiepunkt. Bei einem Energieungleichgewicht ist der jeweilige Energiepunkt oft reizempfindlicher als die umgebenden Punkte. Unter Umständen kann die genaue Lage der Punkte in Bezug auf die Illustrationen individuell leicht abweichen – jeder Körper ist bezüglich der Proportionen etwas anders. Der Bereich, der am reizempfindlichsten ist, ist meist der, der für das Beheben des Energieungleichgewichts behandelt werden sollte.
Wichtig ist es, dass Sie alle Punkte immer an beiden Körperseiten bearbeiten – jedoch nacheinander und nicht gleichzeitig. Die entsprechenden Meridiane verlaufen symmetrisch im Körper und die Massage der Punkte auf der linken und rechten Körperseite fördert das Wiederherstellen des Energiegleichgewichts von Yin und Yang. Die einzige Ausnahme sind die Punkte mit der Anfangsbezeichnung »Du« und »Ren«. Diese liegen auf Meridianen, die an der Mittellinie des Körpers verlaufen; somit muss nur jeweils ein Punkt massiert werden. Es kann vorkommen, dass ein Energiepunkt auf einer Körperseite sehr empfindlich ist und schmerzt, während Sie auf der anderen Körperseite nichts spüren. Dies deutet auf eine Qi-Stauung auf der schmerzenden Körperseite und einen gleichzeitigen Energiemangel auf der unempfindlichen Körperseite hin. Ein Massieren der Akupunkturpunkte auf beiden Körperseiten fördert den Ausgleich dieses Energieungleichgewichts.

Bei der Zusammenstellung der Übungen für Ihre eigene Übungspraxis sind Sie frei. Sie können sich beliebige Übungen heraussuchen und diese in beliebiger Reihenfolge so oft Sie möchten ausführen. Eine Mischung aus bewegten und stillen Übungen bietet sich an, auch wenn die stillen anfangs schwierig erscheinen mögen. Das Massieren der Akupunkturpunkte empfiehlt sich bei vorhandenen Beschwerden.

Nachübung

Die Nachübung bildet den Abschluss jeder Übung. Sie ist wichtig, da sie hilft, das während der Übung aktivierte Qi im Körper abzuspeichern. Wenn man die Nachübung auslässt, mindert man die Wirkung der Übung. Der Qi-Fluss wird bei einem plötzlichen Beenden der Übung zu abrupt gestoppt. Das ist vergleichbar mit dem unangenehmen Gefühl, wenn man unsanft aus dem Tiefschlaf gerissen wird.

Die Nachübung beginnt mit der geistigen Ausrichtung darauf, das Üben abzuschließen. Dies ist vom energetischen Standpunkt aus wichtig, da hiermit die Vorstellungskraft gezielt von der Übung und ihren Wirkungen abgezogen und auf den Abschluss und das Sammeln des Qi gerichtet wird. Bleiben Sie mehrere Atemzüge ruhig sitzen und lassen Sie die Übungen nachwirken. Wenn Sie möchten, können Sie sich zusätzlich auf ein Energiezentrum im Bauchbereich konzentrieren, welches sich zwei Daumenbreit unter dem Bauchnabel sowie ungefähr sechs Zentimeter im Körperinneren befindet. Sie können sich hierzu beispielsweise einen kleinen Ball vorstellen, der sich bei den Atemzügen gleichmäßig in alle Richtungen ausdehnt und dann wieder in sich zusammenfällt. Während der Monatsblutung oder Schwangerschaft konzentrieren Sie sich stattdessen auf die Mitte Ihres Brustkorbs.

Alternativ können Sie auch Ihre Hände auf Höhe von etwa zwei Zentimeter unter dem Bauchnabel auflegen. Frauen legen hierzu zuerst die rechte Handfläche auf den Unterbauch und anschließend die linke Handinnenfläche auf die rechte Handaußenfläche. Männer gehen genau umgekehrt vor, sie beginnen mit der linken Hand und am Ende liegt die rechte Hand oben auf.

Selbst wenn die Nachübung nur ganz kurz gehalten wird – sie sollte nie völlig ausgelassen werden. Wie bei der Vorübung gilt jedoch grundsätzlich auch hier: lieber länger als kürzer!

Die Hauptübungen

氣

Im Folgenden finden Sie verschiedene Übungen, die Sie entweder prophylaktisch oder gezielt bei Ohrenbeschwerden anwenden können. Bei einigen Übungen finden Sie Hinweise, bei welchen Beschwerden die jeweilige Übung besonders empfehlenswert ist. Stellen Sie diese, sofern die Beschreibung auf Sie zutrifft, gerne an die erste Stelle Ihres Übungsplans, probieren Sie jedoch auch andere Übungen (ohne spezielle Hinweise) aus und achten Sie dabei darauf, wie Ihr Körper reagiert. Zu Beginn des Kapitels finden Sie unterschiedliche stille und bewegte Übungen. Im Anschluss daran folgen Massageübungen für verschiedene Beschwerdebilder. Massageübungen, die ausschließlich bei Tinnitus eingesetzt werden, folgen gesondert in einem eigenen Kapitel (S. 73). Ich wünsche Ihnen viel Freude beim Üben!

Stille und bewegte Übungen

MITTELFINGER KLOPFEN

Setzen Sie sich möglichst entspannt und mit aufrechter Wirbelsäule auf einen Stuhl. Alternativ können Sie die Übung auch stehend ausführen. Stecken Sie sich jeweils beide Mittelfinger locker in die Ohren und klopfen Sie anschließend 36-mal mit den Zeigefingern auf die Mittelfinger.

DREI-FINGER-MASSAGE

Öffnen Sie Ihren Mund weit und suchen Sie mit Ihren Mittelfingern eine Vertiefung vor dem Tragus, der rundlichen Knorpelvorwölbung vorne mittig vor dem Eingang des äußeren Gehörgangs.
Legen Sie jeweils Ihre Mittelfinger mit leichtem Druck auf diese beiden Punkte auf; die Zeige- und Ringfinger liegen jeweils seitlich an den Mittelfingern an und berühren die Haut, sodass sich eine beinahe senkrechte Linie aus drei Punkten ergibt. Den Mund können Sie nun schließen – das Öffnen dient lediglich als Hilfestellung, die drei Punkte auf

jeder Körperseite aufzufinden. Führen Sie nun mehrere, kleine Kreisbewegungen im Uhrzeigersinn aus. Massieren Sie in kreisenden Bewegungen bis zu Ihrem Kiefer nach unten (Linie 1), während die Finger stets aneinanderliegen.

Bewegen Sie die Finger nun alle etwas zum Kinn hin und massieren Sie in einer geraden Linie bis auf Höhe der Ohrmuschel mit Kreisen gegen den Uhrzeigersinn wieder nach oben (Linie 2). Bewegen Sie die Finger nun ein weiteres Mal Richtung Kinn/Nase und massieren Sie im Uhrzeigersinn in einer geraden Linie nach unten Richtung Kiefer (Linie 3). Spüren Sie, wo Sie Verspannungen wahrnehmen, und gehen Sie an die jeweiligen Stellen zurück, nachdem Sie die beschriebenen drei Linien massiert haben. Führen Sie kreisende Bewegungen aus und üben Sie dabei gerne einen stärkeren Druck aus. Wiederholen Sie dies regelmäßig. Insbesondere wenn Sie Verspannungen oder Schmerzen wahrgenommen haben, sollten Sie die Übung regelmäßig ausführen – so lange, bis Sie keine Schmerzen mehr verspüren.

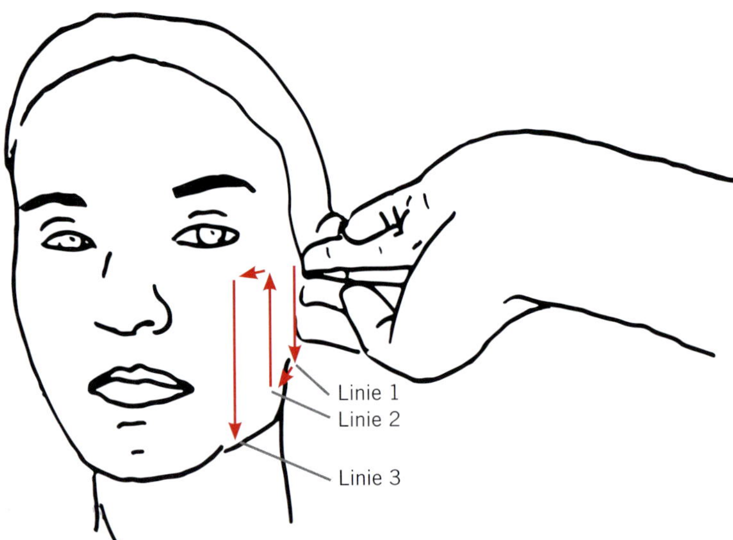

OHR REIBEN

Legen Sie jeweils Ihre gestreckten Zeigefinger direkt hinter sowie Ihre gestreckten Mittelfinger vor Ihre Ohrläppchen (1). Bewegen Sie die Hand beziehungsweise Ihre Finger nun so weit wie möglich an der Ohrmuschel nach oben (2) und anschließend wieder nach unten, bis sich die Fingerspitzen der Zeigefinger etwa in der Mulde hinter den Ohrläppchen befinden. Ihre Ohrmuschel befindet sich während der ganzen Übung zwischen Ihren Zeige- und Mittelfingern.

1

2

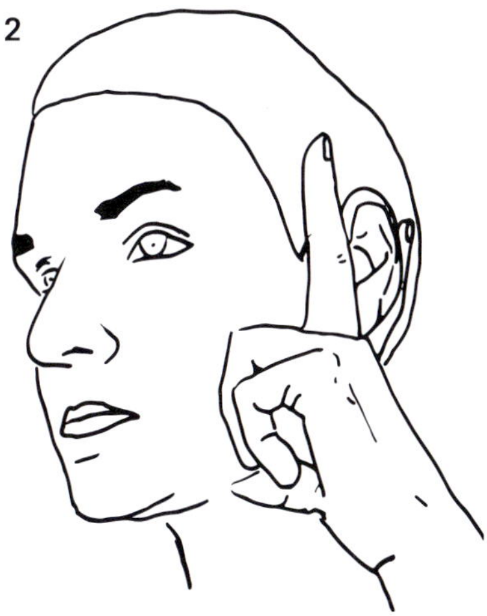

VEREINEN VON FEUER UND WASSER

Die folgende Übung eignet sich insbesondere bei Ohrgeräuschen wie Tinnitus sowie bei Schwerhörigkeit und Ohrentzündungen.

Der Perikard-(Herzbeutel-)meridian wird zusammen mit dem sogenannten Dreifach-Erwärmer-Meridian oft als ministerielles Feuer (Yin-Kraft) bezeichnet, während der Herz- und der Dünndarmmeridian für das kaiserliche Feuer (Yang-Kraft) stehen. Das Perikard steht auch sonst in enger Verbindung zum Herzen (S. 28), hat es doch die Funktion seines Beschützers. Wie auf Seite 27–28 beschrieben, ist ein harmonisches

Zusammenwirken von Feuer und Wasser (im bildlichen Sinn) wichtig, um die Ohren gesund zu erhalten und zu stärken. Bei dieser Übung werden die Endpunkte des Perikardmeridians, die sich an den Fingerspitzen der Mittelfinger befinden, direkt mit den Ohren verbunden.

Stellen oder setzen Sie sich mit möglichst aufrechter Wirbelsäule in bequemer Position hin. Schließen Sie die Augen, entspannen Sie sich so gut wie möglich und nehmen Sie einige lange, tiefe Atemzüge. Legen Sie die Zungenspitze sanft hinter den oberen Vorderzähnen ab. Heben Sie dann Ihre Hände und legen Sie die Fingerspitzen Ihrer Mittelfinger jeweils in ein Ohr. Die Ellenbogen zeigen nach außen. Am wirksamsten ist die Übung, wenn Ihre Handinnenflächen nach vorne vom Körper wegzeigen und Sie mit den Oberarmen eine ungefähr horizontale Linie bilden. Auf diese Weise kann Qi am besten fließen. Achten Sie darauf, dass Ihre Schultern möglichst entspannt bleiben (nicht heben). Üben Sie mit den Fingerspitzen der Mittelfinger einen leichten Druck aus und berühren Sie mit ihnen eine möglichst große Fläche innerhalb der Ohren. Die übrigen Finger können Sie unbeachtet lassen.

Stellen Sie sich nun vor, wie während des Einatmens ein sanftes, warmes Licht (alternativ möglich: eine sanfte Sommerbrise) von links etwa an Ihrem Ellenbogen in den Unterarm eintritt und während der weiteren Einatmung langsam Richtung Handgelenk fließt (bzw. weht). Wenn Sie etwa bei der Mitte der linken Handfläche ankommen, halten Sie die Luft sanft an, während das Licht über den linken Mittelfinger, dann durch den Kopf hindurch und über den rechten Mittelfinger nach außen fließt. Wenn Sie in Ihrer Vorstellung etwa bei der Mitte der rechten Handfläche angekommen sind, begleiten Sie das Licht oder die Brise mit einer Ausatmung durch den Unterarm hindurch bis zum rechten Ellenbogen und senden es in weite Ferne aus dem Körper hinaus.

Eine andere Variante besteht darin, dass Sie sanft einatmen, bis Sie das zarte Licht bis in den Kopf geführt haben. Anschließend atmen Sie aus, während das Licht über den rechten Mittelfinger und Unterarm bis zum Ellenbogen und danach aus dem Körper geführt wird.

Probieren Sie etwa fünf bis sechs Atemzüge lang, welche Variante wirkungsvoller für Sie ist. Wenn Sie bei dieser Übung den Impuls zu einer anderen Atemvariante verspüren (bzw. durchgehend einzuatmen), geben Sie ihm nach und vergleichen Sie die Wirkung mit den beschriebenen Varianten.
Sobald Sie sich für eine Atemvariante entschieden haben, bleiben Sie für den jeweiligen Übungstag dabei. Wiederholen Sie die Übung stets so oft, dass Sie sie insgesamt 36-mal ausgeführt haben.

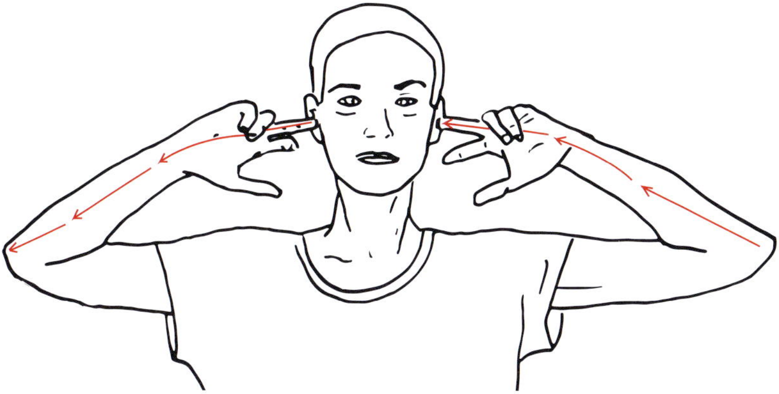

GEGEN DIE HAND DRÜCKEN

Die folgende Übung unterstützt unter anderem die Muskulatur der Halswirbelsäule. Da besonders bei Vorfällen des dritten Halswirbels und/oder der Bandscheiben in diesem Bereich Ohrgeräusche begünstigt werden können, kann eine Stärkung der umgebenden Muskulatur diesen Beschwerden entgegenwirken. (Auch lohnt sich unter Umständen ein Gang zu einem guten Osteopathen oder Therapeuten, um einen Blick auf Ihre Halswirbelsäule zu werfen.)
Setzen Sie sich bequem und mit aufrechter Wirbelsäule hin. Der Blick geht dabei Richtung Horizont, der Kopf ist gedanklich am obersten Punkt des Kopfes aufgehängt.

Legen Sie eine beliebige Handfläche an die Stirn, strecken Sie Ihren Nacken sanft und drücken Sie mit dem Kopf etwa zehn Sekunden lang gegen die Handfläche. Lösen Sie den Druck und wiederholen Sie die Übung einige Male.
Legen Sie nun die linke Handfläche an die linke Schläfe und drücken Sie den Kopf sanft (!), langsam und gleichmäßig zur Seite gegen die Handfläche. Lösen Sie den Druck und wiederholen Sie die Übung einige Male. Gehen Sie behutsam vor.
Legen Sie nun Ihre rechte Handfläche an die rechte Schläfe und drücken Sie den Kopf sanft und langsam zur Seite gegen die Handfläche. Lösen Sie den Druck und wiederholen Sie die Übung ebenfalls einige Male.
Bleiben Sie abschließend noch einige Atemzüge lang sitzen und lassen die Übung nachwirken.

KOPF DREHEN

Ebenso wie die vorangegangene Übung wirkt auch diese Übung insbesondere auf die Halsmuskeln und dadurch auch auf die Ohren. Stehen oder sitzen Sie in einer bequemen Position mit möglichst aufrechter Wirbelsäule und lassen Sie den obersten Punkt Ihres Kopfes gedanklich am Himmel aufgehängt sein.
Drehen Sie Ihren Kopf nun langsam und sanft bis zum Anschlag nach links. Ihr Oberkörper bleibt während der ganzen Übung nach vorne ausgerichtet. Wenn Sie eine Spannung spüren, halten Sie für einige Atemzüge inne und atmen »in die Verspannung« hinein. Drehen Sie Ihren Kopf danach langsam und sanft nach rechts und machen dasselbe.
Ziehen Sie nun Ihren Kopf ein und verharren Sie einige Atemzüge in dieser Position. Legen Sie dann Ihren Kopf in den Nacken und verharren Sie auch hier einige Atemzüge.
Drehen Sie den Kopf nun um 45 Grad nach links. Winkeln Sie Ihren linken Arm an und legen Sie die linke Hand als lockere Faust vor der linken Achsel auf der Körpervorderseite ab. Auf diese Weise lässt sich die linke Schulter leichter unten halten, was für die Übung notwendig ist.

Legen Sie die rechte Hand seitlich hinten auf dem Kopf ab und ziehen Sie das Kinn an.
Nun ziehen Sie den Kopf langsam nach vorne unten rechts (1). Achten Sie dabei darauf, dass sich der Kopf nicht versehentlich »von selbst« gerade dreht. Ziehen Sie, bis Sie eine Spannung spüren, halten Sie inne und atmen Sie einige Atemzüge in die Spannung hinein.
Lockern Sie den Griff am Kopf, heben Sie ihn ein wenig und ziehen Sie ihn dann auf die gleiche Weise etwa 20 Grad mehr zur Seite hin, weniger nach vorne unten rechts (2).
Lockern Sie den Griff am Kopf erneut und ziehen Sie den Kopf sanft in einer parallelen Linie zu den Schultern auf die rechte Seite (3).
Lockern Sie den Griff am Kopf erneut und ziehen Sie ihn sanft in einem Winkel von etwa 20 Grad nach rechts hinten (4).

1

2

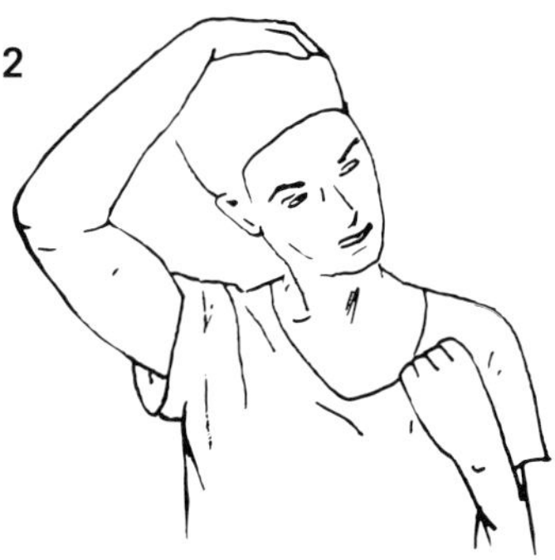

3

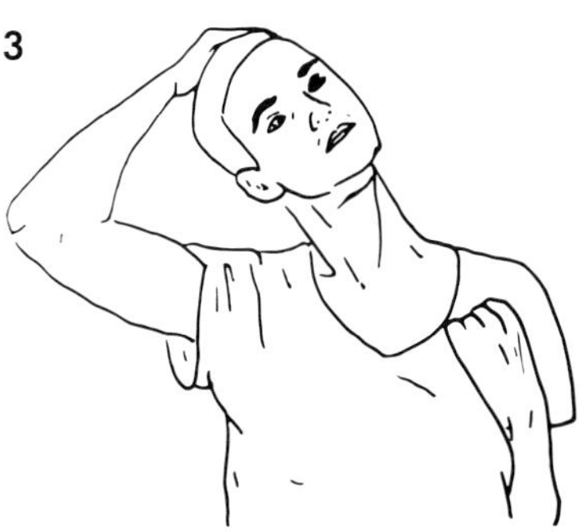

4

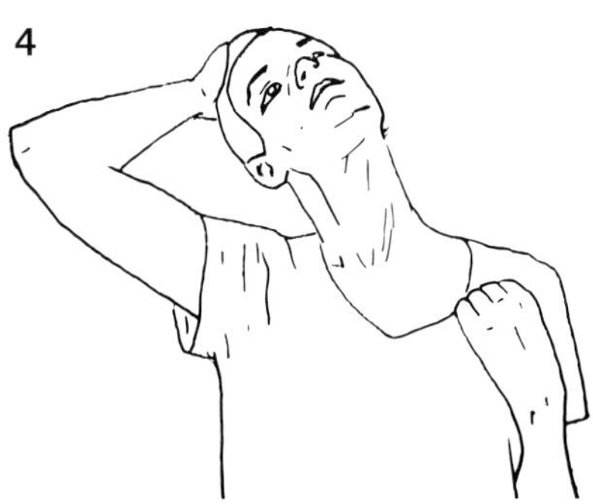

Lockern Sie den Griff am Kopf erneut, senken Sie Ihren rechten Arm und richten Sie den Kopf langsam wieder auf. Blicken Sie Richtung Horizont.

Abschließend führen Sie die Übung genauso auf der anderen Seite durch. Eine Wiederholung ist bei dieser Übung nicht notwendig.

Falls Sie Schmerzen oder eine Verspannung verspürt haben (aber keine Verletzung vorherrscht), führen Sie die Übung am besten täglich, jedoch zumindest alle paar Tage durch. Achten Sie dabei stets darauf, sie langsam und sanft durchzuführen. Wenn Sie keinerlei Verspannung wahrgenommen haben, reicht es aus, alle paar Wochen und gar Monate auf diese Übung zurückzukommen.

KOPF KREISEN

Die folgende Übung hat in früheren Seminaren anfangs oftmals Verwunderung hervorgerufen. Auch ich lernte als Kind in der Schule, dass ein Kreisen des Kopfes nicht empfehlenswert für die Halswirbel sei. Dennoch findet sich diese Übung in der Qigong-Tradition sowohl als eigenständige Übung als auch als Bestandteil einer umfangreicheren Abfolge. Ich habe sehr gute Rückmeldungen erhalten und auch selbst gute Erfahrungen mit ihr gemacht, sodass ich gerne auch kritische Leser ermutigen möchte, sie auszuprobieren.

Stehen oder sitzen Sie mit einer möglichst aufrechten Wirbelsäule in einer bequemen Position. Schließen Sie Ihre Augen und achten Sie einige Atemzüge lang auf Ihren Atem. Atmen Sie möglichst langsam und sanft ein und aus. Entspannen Sie sich so gut wie möglich.

Lassen Sie nun Ihren Kopf langsam nach vorne sinken, ziehen Sie ihn also ein, als wollten Sie mit dem Kinn Ihr Brustbein berühren. Nehmen Sie einen langen, tiefen Atemzug, während Sie beginnen, Ihren Kopf langsam (!!) im Uhrzeigersinn zu kreisen, wobei er in jeder Position in einer jeweils maximalen Dehnung bleibt. Sobald Sie eine Verspannung bemerken, stoppen Sie die Bewegung und halten Sie die Luft so lange wie möglich an. Atmen Sie langsam aus und anschließend einige Male

langsam und entspannt ein und aus, bis sich die Körperstelle entspannter anfühlt. Nehmen Sie dann nochmals einen langen tiefen Atemzug, während Sie das Kreisen des Kopfes langsam fortsetzen. Wiederholen Sie dies so oft wie nötig, bis Sie den Kopf einmal komplett um 360 Grad gedreht haben.
Richten Sie den Kopf auf und lassen das Kreisen des Kopfes nachwirken. Bleiben Sie entspannt und spüren Sie Ihren Körper so deutlich wie möglich. Wiederholen Sie die Übung nun analog gegen den Uhrzeigersinn. Halten Sie, wie schon zuvor, an jedem einzelnen Punkt inne (sowie die Luft an), wenn Sie Schmerzen oder eine Verspannung spüren. Es macht wirklich nichts, wenn dies oft geschieht, weil Sie gefühlt bei jedem Zentimeter anhalten. Die Male, die Sie anhalten, werden mit einiger Übungspraxis ganz von selbst weniger werden.
Die Übung eignet sich sowohl zur Vorbeugung als auch zur Behandlung von Verspannungen. Sie können sie gerne mehrfach wiederholen. Achten Sie jedoch auf Ihren Körper und überstrapazieren Sie ihn nicht.

DER KLANG DES UNIVERSUMS

Die folgende Übung eignet sich sehr gut bei Hörminderung sowie bei Ohrgeräuschen.
Setzen Sie sich mit möglichst aufrechter Wirbelsäule bequem hin. Schließen Sie die Augen und entspannen Sie sich so gut wie möglich. Atmen Sie einige Atemzüge langsam und sanft ein und aus. Versuchen Sie dann, Klänge außerhalb des Raumes, in dem Sie sich befinden, zu hören. Sie können dabei auch eigene Bilder in die Übung einbauen, so beispielsweise, dass sich die Ohrmuschel verlängert. Versuchen Sie als nächsten Schritt, (gedanklich) alles zu hören, was an zwei Straßenecken weiter passiert. Dann versuchen Sie, tief ins Universum zu lauschen und weit entfernte Klänge zu hören.
Ignorieren Sie so gut wie möglich innere Geräusche, falls diese vorhanden sind, und versuchen Sie, sich nur auf die weit entfernten Klänge zu konzentrieren. Gerne können Sie als Zwischenschritt einen Ort ein-

bauen, der sich geografisch etwas weiter von Ihrem Standort befindet, der Ihnen jedoch sehr bekannt ist. Dies kann ein Marktplatz, eine belebte Straße oder auch eine Waldlichtung sein. Versuchen Sie, alle Klänge dieses Ortes so genau wie möglich wahrzunehmen. Sei es der Klang des Windes oder des Regens oder Gespräche von Menschen oder Laute von Tieren. Suchen Sie sich anfangs gerne nur einen Klang aus, auf den Sie sich konzentrieren. Mit der Zeit können Sie versuchen, mehrere Klänge zeitgleich wahrzunehmen.

Schließen Sie die Übung damit ab, dass Sie die weit entfernten Klänge gedanklich einsammeln, wie einen Faden zu sich ziehen und anschließend auf Kopfhöhe neben sich ablegen, wobei sie dann nicht mehr hörbar sind.

Als Übungsalternative können Sie versuchen, die Übung mit nur einem Ohr und anschließend mit dem anderen durchzuführen. Mit welcher Körperseite Sie beginnen, bleibt Ihnen überlassen. Natürlich findet diese Übung vielmehr in Gedanken als tatsächlich statt, denn schließlich hören wir immer mit beiden Ohren (es sei denn, es liegen Beschwerden vor). Konzentrieren Sie sich jedoch darauf, dass sich nur das Hörvermögen des einen Ohres in die Ferne ausweitet, während Sie das andere entweder unbeachtet lassen oder mit dem Gedanken in die Übung gehen, dass dessen Hörvermögen nur in der unmittelbaren Umgebung des Kopfes besteht.

INNERE KLÄNGE

Führen Sie diese Übung nicht aus, wenn Sie unter Ohrgeräuschen leiden und diese Sie emotional stark beeinträchtigen, beispielsweise weil Sie fürchten, dass die Beschwerden schlimmer werden. Ansonsten ist die Übung eine gute Ergänzung zur vorherigen (»Der Klang des Universums«).

Setzen Sie sich bequem und mit möglichst aufrechter Wirbelsäule hin und schließen Sie die Augen. Versuchen Sie, Ihre Aufmerksamkeit nach innen in ein Energiezentrum zu richten, welches sich etwa zwei Dau-

menbreit unter dem Bauchnabel sowie ungefähr sechs Zentimeter im Körperinneren befindet. Bei einer Schwangerschaft, während der Menstruation sowie bei Beschwerden im Bauchbereich richten Sie Ihre Aufmerksamkeit bitte stattdessen auf die Brustmitte.
Stellen Sie sich eine Lichtkugel vor, welche sich zusammen mit der Ein- und Ausatmung sanft öffnet und schließt. Entspannen Sie sich und versuchen Sie, währenddessen den inneren Klängen zu lauschen. Konzentrieren Sie sich nicht zu stark, eher nur nebenbei. Es geht bei dieser Übung nicht darum, Klänge möglichst deutlich zu hören. Im Gegenteil. Es geht vielmehr darum, Ihren Körper wahrzunehmen sowie zu spüren, wie sich die Wahrnehmung während des Übens und je nach Tagesumständen verändern kann. Sitzen Sie still, atmen Sie langsam und entspannt und lauschen Sie nach innen, ohne »anzuhaften«. Bei dieser Übung ist der Vergleich mit dem Schmetterling gut, welcher am ehesten zu einem kommt, wenn man ihn nicht unbedingt fangen möchte.
Üben Sie diese Übung maximal eine Minute und versuchen Sie, das »absichtsvolle Nicht-Wollen« so gut wie möglich zu praktizieren.

SOMMERBRISE

Bei der folgenden Übung müssen Sie keine Bewegungen ausführen, sondern arbeiten ausschließlich mit Ihrer Visualisierungskraft. Sie eignet sich sowohl zur Prophylaxe als auch als Unterstützung bei Beschwerden und Erkrankungen. Je nach Bedarf können Sie sie im Stehen, im Sitzen oder auch im Liegen ausführen.
Bringen Sie sich in eine für Sie angenehme Position, ohne dass Hände oder Beine überkreuzt sind. Stellen Sie sich eine beliebige Landschaft vor und binden Sie gerne so viele Sinne wie möglich in Ihre Vorstellung ein – beispielsweise die salzige, erfrischende Luft, wenn Sie sich am Meer befinden, oder das warme, grüne und saftige Gras, wenn Sie auf der Wiese liegen, das Vogelgezwitscher etc. Versuchen Sie, Ihre Umgebung so lebhaft wie möglich zu gestalten – so, als befänden Sie sich tatsächlich an Ihrem Lieblingsplatz.

Stellen Sie sich dann eine warme Sommerbrise vor, die von der linken Seite kommt und seitlich auf Ihren Kopf trifft. Versuchen Sie, so deutlich wie möglich den Druck zu spüren, der von dem imaginären Windhauch ausgeübt wird. Spüren Sie, wie Ihr Kopf sanft nach rechts gedrückt wird, so als ob eine tatsächliche kleine Windbrise aufgetroffen wäre. Geben Sie dem imaginären Druck sanft nach und lassen Sie Ihren Kopf leicht zur Seite schieben. Sie können ihn auch physisch etwas mitbewegen, tendenziell sollte er aber in der Position gehalten werden: Leisten Sie der imaginären Windbrise also Widerstand, ohne die Kopf- und Halsmuskeln zu sehr anzuspannen.
Versuchen Sie dann zu spüren, wie sich Ihr Kopf wieder zurück in die Ausgangsposition bewegt, wenn der Windhauch sich beruhigt. Wiederholen Sie diese Vorstellung mehrere Male und versuchen Sie, den sanften Druck des Windes immer deutlicher an der Kopfseite um das Ohr herum wahrzunehmen. Anschließend stellen Sie sich die Windbrise analog von rechts kommend vor. Dabei wird Ihr Kopf sanft nach links geschoben und kommt wieder in seine Ausgangsposition, wenn die Luftbrise vorüber ist.
Führen Sie die Übung erneut einige Minuten auf der einen Kopfseite sowie einige Minuten auf der anderen aus. Sollten Sie zu Kopfschmerzen neigen, versuchen Sie, die Übung mit sehr sanfter Vorstellungskraft durchzuführen. Bei Beschwerden im Halswirbelbereich arbeiten Sie ausschließlich mit der Vorstellungskraft und bewegen Ihren Kopf nicht.
Nach einiger Übungspraxis können Sie die Übung erweitern – wenn Ihnen die Sommerbrise bereits sehr real vorkommt und Sie den imaginären Windhauch spüren können, oder auch, wenn während oder kurz nach dem Üben eine körperliche Reaktion wie Kribbeln, Wärme oder Jucken auftritt.

Alternative

Bei der erweiterten Form der Übung versuchen Sie, Ihren Kopf als solchen zu vergessen. Versuchen Sie sich vorzustellen, Ihr Kopf sei innen

hohl (so seltsam sich die Vorstellung anhören mag) und die »Außenwände« wären so durchlässig wie ein feines Leinengewebe. Lassen Sie die Sommerbrise in Ihrer Vorstellung nun erneut von links kommen. Spüren Sie, wie der Windhauch auf der Außenseite des Kopfes ankommt und dann sanft durch den Kopf hindurchweht. Stellen Sie sich das Durchwehen als eine langsame, zarte Bewegung der warmen Luft mit kleinen, behutsamen Luftwellen vor.
Lassen Sie die imaginäre Sommerbrise auf der rechten Seite durch die durchlässige Haut wieder austreten. Versuchen Sie, die warme Brise so gut wie möglich wahrzunehmen. Wiederholen Sie die Übung weitere acht Male und führen Sie sie danach analog auf der anderen Kopfseite aus, sodass Sie sie auf jeder Seite neunmal ausgeführt haben.
Sollten während der Übung akute oder chronische Beschwerden stärker werden, versuchen Sie, die Übung sanfter und weniger konzentriert und kräftig auszuführen – so als wären Sie in einem luftigen Tagtraum anstatt in konzentrierter Aufmerksamkeit. Sollten die Schmerzen dann nicht verschwinden oder nachlassen, beenden Sie die Übung und versuchen Sie sie zu einem späteren Zeitpunkt erneut.

HONIG ZIEHEN

Die folgende Übung können Sie bei allen Ohrbeschwerden durchführen. Lediglich bei Verletzungen des Trommelfells ist es ratsam, auf andere Übungen auszuweichen, da sie bei einer starken Visualisierungsfähigkeit zu intensiv für das Trommelfell sein kann.
Setzen Sie sich möglichst entspannt und mit aufrechter Wirbelsäule hin. Stellen Sie sich nun vor, dass sich im Bereich der Ohrmuschel sowie im dahinterliegenden Bereich innerhalb des Kopfes ein zähes, dickflüssiges Material befindet. Traditionsgemäß stellt man sich Honig vor, Sie können sich jedoch gerne auch ein anderes Material mit ähnlicher Konsistenz vorstellen. Versuchen Sie so gut wie möglich, den anatomischen Aufbau des Ohres außer Acht zu lassen. Für diese Übung ist es sogar am besten, wenn Sie so wenig wie möglich darüber wissen.

Denken Sie sich lediglich einen Hohlraum im entsprechenden Bereich des Kopfes, der mit Honig gefüllt ist.
Stellen Sie sich nun vor, dass Sie den Honig mit Ihrer Handfläche bewegen können. Sie können ihn sowohl nach außen Richtung Ohrmuschel (und etwas außerhalb der Körpergrenzen) ziehen als auch nach innen drücken.
Heben Sie dazu die linke Hand so vor die linke Ohrmuschel, dass die Handfläche Richtung Ohr zeigt. Bewegen Sie die Hand etwas vom Ohr weg und stellen Sie sich vor, dass Sie den imaginären Honig aus dem Inneren nach außen ziehen. Dabei muss keine große Strecke zurückgelegt werden, es geht vielmehr darum, dass Sie die langsame Bewegung des warmen Honigs und den Sog spüren, den die Handfläche auf ihn ausübt. Halten Sie dann kurz inne und bewegen Sie die Handfläche wieder Richtung Ohrmuschel, ohne sie jedoch zu berühren. Es sollte immer ein kleiner Abstand zwischen Handfläche und Ohrmuschel bleiben. Spüren Sie so deutlich wie möglich die sanfte und langsame Bewegung des Honigs, wenn sie ihn gedanklich wieder mit der Handfläche zurückschieben. Halten Sie erneut kurz inne und wiederholen Sie die Übung noch einige Male. Führen Sie sie dann entsprechend auf der anderen Seite aus.
Falls Sie sich mit der Vorstellung eines zähflüssigen Materials unwohl fühlen oder auch, wenn Sie einfach nur Ihre Übungspraxis erweitern möchten, können Sie die Vorstellung von Honig durch die von warmem Wasser ersetzen. Ansonsten bleibt die Übung gleich. Spüren Sie den Unterschied von Druck und Sog und nehmen Sie den Kraftaufwand wahr, der bei der Vorstellung von Honig und der von warmem Wasser entsteht.
Bei einer akuten Erkrankung wie beispielsweise einer Ohrenentzündung kann es sein, dass kurzzeitig stärkere Schmerzen auftreten. Sollte dies der Fall sein, üben Sie nur noch mit sanfter Vorstellungskraft sowie mit warmem Wasser statt Honig oder unterbrechen Sie die Übung, bis die Schmerzen abgeklungen sind.

Bei Verletzungen des Trommelfells ersetzen Sie die Vorstellung von Honig oder Wasser durch eine sanfte, warme Luftbrise, deren Richtung Sie mit der Handfläche steuern können. Sie können auch die ähnliche Übung »Sommerbrise« üben (S. 57).
Bei allen anderen Beschwerden greifen Sie auf die Vorstellung zurück, mit der Sie sich am wohlsten fühlen. Bei dieser Übung können Sie problemlos (auch während der Übung) zwischen unterschiedlichen Vorstellungen hin- und herwechseln, ohne dass die Wirkung der Übung beeinträchtigt wird.

ÖFFNEN UND SCHLIESSEN EINER LICHTKUGEL

Die folgende Übung eignet sich besonders bei Ohrenschmerzen und -entzündungen, kann jedoch auch bei allen anderen Ohrenbeschwerden und -erkrankungen hilfreich sein.
Stellen Sie sich eine sanfte Lichtkugel oder eine Lotusblüte vor, welche etwa im Bereich des Gehörgangs liegt. Lassen Sie sie langsam auf- und wieder zugehen, während Sie möglichst entspannt und ruhig ein- und ausatmen. Wenn Sie noch keine Erfahrung mit Qigong haben, lassen Sie die Kugel oder Lotusblüte sich bei der Einatmung sanft ausdehnen und sich bei der Ausatmung in sich zusammenziehen. Nach einiger Übungspraxis können Sie die Atmung in die sogenannte Gegenbauchatmung ändern: Dabei atmen Sie ein, wenn sich die Lichtkugel beziehungsweise Lotusblüte zusammenzieht, und aus, wenn sie sich ausdehnt.

NIEREN STÄRKEN

Diese Übung stärkt insbesondere die Nieren-Energie. Stellen Sie sich in einen bequemen schulterbreiten Parallelstand und legen Sie die Handrücken auf die sogenannten Shenshu-Punkte (Bl 23, S. 94 D), die sich auf der Körperrückseite jeweils etwa anderthalb Daumenbreit neben der Wirbelsäule befinden. Heben Sie Ihre Hände sanft mit leichtem Körperkontakt so weit nach oben, wie es möglich ist, ohne dass sich Ihre

Schultern verspannen. Schieben Sie sie dann nach unten bis zu Ihrem Gesäß und üben Sie dabei Druck aus.
Machen Sie diese Auf-und-ab-Bewegung insgesamt 49-mal, wobei Sie bei der Bewegung von oben nach unten einen kräftigen Druck ausüben. Gerne können Sie nicht nur die Shenshu-Punkte mit der Reibung stimulieren, sondern die Hände auch über das Gesäß führen.

WAHRNEHMUNG

Für diese Übung ist es besonders ratsam, einen ruhigen Ort aufzusuchen, an dem Sie ungestört sind. Experimentieren Sie damit, wie viele Nebengeräusche in Ordnung sind, ohne dass Sie in der Übung gestört werden. Besonders bei Tinnitus ist es in vielen Fällen ratsam, komplette Stille und natürlich auch eine laute Geräuschkulisse zu vermeiden. Hören Sie auf Ihren Körper und sorgen Sie so gut es geht für eine Umgebung, die sich am meisten unterstützend anfühlt.
Setzen Sie sich möglichst entspannt und mit aufrechter Wirbelsäule hin und schließen Sie die Augen. Versuchen Sie, sich so bequem hinzusetzen, dass Sie sich während der Übung möglichst nicht bewegen müssen. Atmen Sie einige Atemzüge lang bewusst langsam und möglichst tief ein und aus. Spüren Sie, wie Ihr Körper die Unterlage und eventuell eine Lehne berührt. Falls Ihre Fußsohlen den Boden berühren, versuchen Sie, die gesamten Fußsohlen und den leichten Druck zu spüren, den sie auf den Boden ausüben. Falls die Füße nicht aufliegen (zum Beispiel, weil Sie im Schneidersitz sitzen), nehmen Sie die Berührungspunkte Ihrer Beine mit der Unterlage und mit anderen Körperbereichen wahr. Konzentrieren Sie sich komplett auf Ihren Tastsinn und nehmen Sie so viele Bereiche wie möglich von Kopf bis Fuß wahr. Spüren Sie auch die Berührung der Kleidung auf Ihrer Haut.
Nehmen Sie Ihre Konturen wahr, während Sie unbewegt in dieser Position verbleiben. Nehmen Sie so viele Aspekte wie möglich von Ihrem Körper als Gesamtheit wahr. Spüren Sie in das Zentrum Ihres Körpers hinein. Dies kann ganz abstrakt und eher wie in einem Tagtraum

geschehen, Sie müssen keinen konkreten Körperbereich lokalisieren können – nehmen Sie einfach die erste Stelle, die Ihnen in den Sinn kommt, wenn Sie den Begriff »Zentrum des Körpers« lesen. Spüren Sie sanft in diese Stelle hinein. Versuchen Sie, sich so sicher, behütet und geschützt wie möglich zu fühlen, und nehmen Sie den Körper in seiner Gesamtheit weiter wahr. Registrieren Sie, wie sich die Wahrnehmung innerhalb weniger Minuten und Sekunden verändern kann, und verfolgen Sie dies mit Neugierde, ohne an die Wahrnehmung anzuhaften.

Wenn Sie an Ohrgeräuschen oder Ohrenschmerzen leiden, kann es sein, dass Sie diese anfangs stärker empfinden. Nehmen Sie dies nach Möglichkeit »nur« wahr und bleiben Sie mit Ihrer Aufmerksamkeit bei der Wahrnehmung des ganzen Körpers, ohne den Ohrenbeschwerden weitere Beachtung zu schenken.

Bleiben Sie so lange in diesem Zustand, wie es angenehm für Sie ist, und schließen Sie die Übung ab, indem Sie sich zuerst nur auf Ihren Atem konzentrieren und alles andere beiseitelassen. Öffnen Sie anschließend die Augen und versuchen Sie dabei zuerst noch, alles wie in einem Tagtraum zu sehen – als seien die Wände und Gegenstände vor Ihnen durchsichtig –, bevor Sie Ihren »Blick zurücknehmen«. Versuchen Sie, die Wahrnehmung Ihres Körpers auch im Alltag beizubehalten. Spüren Sie, welche Körperpositionen Ihre Beschwerden mindern oder verstärken können, und verfolgen Sie dies mit Interesse.

Alternative

Eine Abwandlung dieser Übung besteht darin, sich auf die eigenen Gefühle zu konzentrieren. Sie können diese Variante im Anschluss an die beschriebene Übung durchführen oder auch als eigene Übung. Fragen Sie sich vor Übungsdurchführung, wie Sie sich in Ihrem Alltag fühlen möchten. Dies mag im ersten Moment seltsam klingen, doch besonders, wenn man über einen langen Zeitraum unter Schmerzen oder störenden Geräuschen gelitten hat, kann die Antwort auf eine solche Frage sehr in den Hintergrund rücken. Teilweise ist es sehr schwer, sich vorzu-

stellen, wie ein Alltag ohne Schmerzen oder Ohrgeräusche und wie die damit verbundene Gefühlswelt aussehen würde. Mit der ersten Antwort, die Ihnen in den Sinn kommt, gehen Sie in die Übung.
Schließen Sie Ihre Augen, falls noch nicht geschehen, und fragen Sie sich, wie Sie selbst dazu beitragen können, dieses Wunschgefühl in sich zu erzeugen. Es macht nichts, wenn Sie nicht sofort eine Antwort auf diese Frage haben. Wiederholen Sie die Übung und die Frage so lange, bis die Antwort in Ihnen aufsteigt. Im nächsten Schritt versuchen Sie, dieses Gefühl bewusst in sich zu erzeugen und wahrzunehmen. Es macht nichts, dass dies »nur« künstlich ist und sich unter Umständen zunächst unecht anfühlt. Versuchen Sie, sich daran zu erinnern, wie es sich angefühlt hat, als dieses Gefühl zuletzt von selbst in Ihnen auftauchte. (Falls Sie sich nicht erinnern, macht es nichts.)
Fluten Sie Ihren Körper so gut wie möglich mit Ihrem Wunschgefühl und konzentrieren Sie sich darauf, wie sich Ihr Körper anfühlt, welche Körperbereiche unmittelbar mitschwingen und welche weniger auf das Gefühl »anspringen«. Wenn Sie einen inneren Widerstand spüren, versuchen Sie, diesen zu erkunden. Sollten die Beschwerden weniger oder stärker spürbar sein, merken Sie sich, in welchen Momenten dies der Fall ist und wie beziehungsweise von was sie beeinflusst werden. Versuchen Sie, das Gefühl, wie sich Ihr Alltag beschwerdefrei anfühlt, auch in den tatsächlichen Alltag einzubringen.

Massageübungen

ALLGEMEINES VORGEHEN

Setzen Sie sich möglichst entspannt und mit aufrechter Wirbelsäule auf einen Stuhl. Gerne können Sie dabei vor einem Tisch Platz nehmen und Ihre Ellenbogen aufstützen, damit Schultern und Nacken während der Übung möglichst entspannt bleiben.

Massieren Sie nacheinander die unten genannten Akupunkturpunkte – immer erst auf der einen und anschließend auf der anderen Körperseite. Die Lage der Punkte entnehmen Sie bitte den Abbildungen auf den Seiten 93–95. Mit welcher Körperseite Sie beginnen, bleibt Ihnen überlassen. Achten Sie jedoch darauf, dass die Massagedauer (S. 42) auf beiden Seiten in etwa gleich ist.
Drücken Sie mit einem beliebigen Finger auf den jeweiligen Punkt und führen dabei langsame (!) Kreise aus, während Sie den Druck durchgehend halten. Er sollte spürbar, jedoch nicht zu unangenehm sein. Das Ganze sollte wie in Zeitlupe geschehen. Variieren Sie die Intensität des Drucks entsprechend Ihrem Körpergefühl.
Kreisen Sie dabei 36-mal im Uhrzeigersinn und dann 24-mal gegen den Uhrzeigersinn. Drücken Sie abschließend dreimal sanft auf den jeweiligen Punkt, wobei Sie ausatmen, wenn Sie den Punkt drücken, und einatmen, wenn Sie loslassen.

MASSAGEÜBUNG BEI HÖRMINDERUNG UND TAUBHEIT

Massieren Sie zuerst 3E 17 und dann Dü 19 (beide S. 93 A) möglichst fünf bis zehn Minuten lang sehr stark und anschließend 20 Minuten lang leicht. Nur wenn dies zu anstrengend ist und niemand die Massage für Sie durchführen kann, reduzieren Sie die Zeit. Erfolge wurden auch bei jeweils zehnminütiger Stimulation erreicht. Es ist besser, weniger als gar nicht zu üben. Öffnen Sie beim Massieren von Dü 19 den Mund weit, sodass Sie möglichst tief in den Punkt drücken können. Bleiben Sie jedoch so entspannt wie möglich. Sie öffnen den Mund also locker und nicht krampfhaft bis zum Anschlag. Lassen Sie sich nicht irritieren, wenn er berührungsempfindlich ist.
Massieren Sie anschließend Gb 20 (S. 94 C), 3E 5, Di 4 (beide S. 95 E), Ma 40 (S. 95 K) und Du 15 (S. 94 C) für jeweils circa vier Minuten.

Tipp: Du 15 ist ein Akupunkturpunkt, den man sehr gut auch einzeln akupressieren kann.

Immer empfehlenswert bei reduziertem Hörvermögen ist die Massage von 3E 21 (S. 93 A). Diese können Sie im Anschluss an andere Massageübungen oder als eigenständige Übung durchführen.

MASSAGEÜBUNGEN BEI OHRENENTZÜNDUNGEN ALLGEMEIN

Die folgende Übung eignet sich bei allen Entzündungen der Ohren, egal ob Gehörgangs-, Mittelohr- oder Innenohrentzündung.
Massieren Sie zuerst 3E 18 und anschließend 3E 20 (S. 93 A). Diese beiden Akupunkturpunkte klären Hitze (die bei Entzündungen auftritt), mindern Schwellungen und leiten den sogenannten Wind (eine mögliche Krankheitsursache) aus. Massieren Sie anschließend die Punkte Di 11 (auch dieser klärt Hitze), 3E 5 (macht Meridiane durchlässig) sowie Di 4 (beseitigt Schmerz; alle Punkte S. 95 E). Falls Ihr Hörvermögen sich durch die Entzündung verschlechtert hat, fügen Sie abschließend zusätzlich 3E 21 (S. 93 A) hinzu.
Wenn Sie an einem Tag nur ein kleines Zeitfenster zur Verfügung haben und trotzdem üben möchten, können Sie alternativ auch nur 3E 18 und 3E 20 (bzw. 3E 18, 3E 20 und 3E 21; alle S. 93 A) massieren.
Eine weitere Massageübung, welche sich bei Ohrentzündungen eignet, ist die Kombination der beiden Akupunkturpunkte Le 8 (S. 95 I) und Pe 3 (S. 95 F). Wenn Sie möchten, können Sie diese mit einem mindestens halbstündigen Abstand zusätzlich zu den eben beschriebenen Übungen ausführen.
Um besser wahrzunehmen, welche der Punktekombinationen die beste Wirkung auf Sie hat, können Sie die jeweiligen Kombinationen zu einer unterschiedlichen Tageszeit oder an unterschiedlichen Tagen anwenden und jeweils nachspüren. Legen Sie den Schwerpunkt Ihrer Übungspraxis auf die Variante, mit der Sie sich am wohlsten fühlen.

MASSAGEÜBUNG BEI MITTELOHRENTZÜNDUNGEN

Massieren Sie die Punkte 3E 21, Gb 2 sowie 3E 17 (alle S. 93 A). Unterstützend können Sie anschließend noch 3E 5 (S. 95 E), Ma 36, Gb 34, Gb 40 sowie Gb 43 (alle S. 95 K) massieren.

MASSAGEÜBUNG BEI EINEM PAUKENERGUSS

Unter einem Paukenerguss versteht man eine Ansammlung nichteitriger Flüssigkeit hinter dem Trommelfell – eine der häufigsten Ursachen für kindliche Schwerhörigkeit. In den meisten Fällen bildet sich die Flüssigkeit von selbst zurück. Mit der folgenden Übung kann man die Rückbildung jedoch unterstützen. Auch bei crhonischem oder wiederkehrendem Paukenerguss ist diese Übung sehr wertvoll. Sie sollte auch nach Abklingen der Beschwerden noch einige Tage durchgeführt werden.
Massieren Sie zuerst Dü 19, dann Gb 2, 3E 21, 3E 17 (alle S. 93 A), Di 4 (S. 95 E) sowie Pe 6 (S. 95 F).

MASSAGEÜBUNG BEI INNENOHRSCHWERHÖRIGKEIT

Eine Innenohr- oder Schallempfindungsschwerhörigkeit kann verschiedene Ursachen haben. So kann sie beispielsweise traumatisch, infektiös oder einfach durch Alterungsprozesse bedingt sein. Unabhängig von den Ursachen kann eine Massage der folgenden Akupunkturpunkte bei diesem Beschwerdebild hilfreich sein.
Massieren Sie zuerst 3E 21, dann Gb 2, dann Dü 19, dann 3E 17 (alle S. 93 A). Als fünften Punkt massieren Sie 3E 3, dann 3E 5 (beide S. 95 E), danach Gb 34, dann Ma 36 (beide S. 95 K) und zuletzt Mi 6 (S. 95 I).

YI ER SAN ZHONG

Die folgende Übung empfiehlt sich, wenn Ihre Ohrenbeschwerden mit einer sogenannten Schleim- oder Wind-Problematik zusammenhängen. Ein Teilaspekt dessen, was die TCM unter Schleim versteht, findet sich im schulmedizinischen System beispielsweise bei einer Verstopfung der

Nebenhöhlen, die wiederum Ohrenbeschwerden begünstigen kann. Der Spätsommer und der feuchte, nasse Herbst in unseren Breitengraden begünstigen Schleim-Erkrankungen, ebenso wie feuchte Wohnverhältnisse oder Arbeitsplätze.

Im Gegensatz zum zähflüssigen Schleim bewegt sich Wind viel und ändert sich häufig. Demzufolge werden Ohrenerkrankungen, die rasch beginnen und sich rasch verändern, meist mit Wind in Zusammenhang gebracht. Er kann auch in Kombination mit anderen schädlichen Einflüssen auftreten. So sorgt er beispielsweise in Verbindung mit Trockenheit für Juckreiz in den Ohren, in Verbindung mit Hitze für ein Spannungsgefühl mit Schmerzen im Ohr, für starkes Ohrensausen oder für eine plötzlich einsetzende Schwerhörigkeit.

Manchmal ist auch bei Tinnitus Schleim oder Wind involviert.

Die Übung kann ergänzend zu den anderen Massageübungen oder auch eigenständig praktiziert werden, wenn Sie Ihre Beschwerden in der Beschreibung wiedergefunden haben. Massieren Sie die drei Akupunkturpunkte Yi Zhong, Er Zhong und San Zhong jeweils nacheinander für jeweils etwa anderthalb bis zwei Minuten. Wenn Ihnen die Übung guttut, können Sie die Zeitdauer gerne auf fünf oder sechs Minuten pro Punkt erhöhen. Massieren Sie zuerst auf der einen Körperseite und anschließend auf der anderen. Mit welcher Seite Sie beginnen, bleibt Ihnen überlassen.

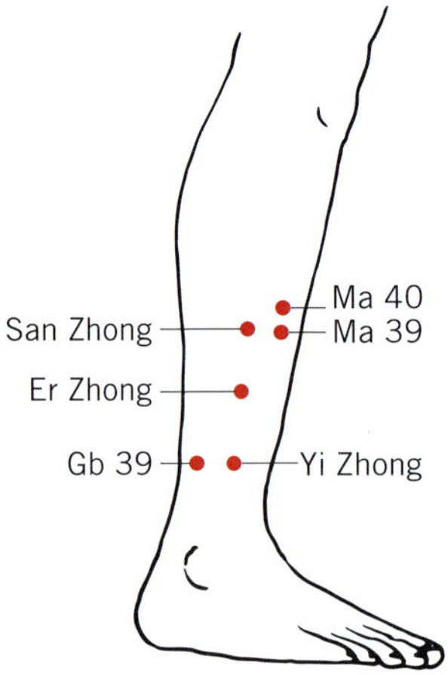

Hinweis: Da sich die drei Akupunkturpunkte nicht auf dem Meridiansystem befinden, wurden im Bild die Akupunkturpunkte Ma 40, Ma 39 und Gb 39 hinzugefügt, die auf dem Meridiansystem liegen. Sie dienen lediglich dem leichteren Auffinden der zu behandelnden Punkte und werden nicht in die Übung eingebunden.

Tinnitus

Beim Tinnitus herrscht ein Energieungleichgewicht vor, das zu komplex ist, um es kurz und knapp abzuhandeln. Ich hoffe, dass die folgenden Erläuterungen Betroffenen helfen können, ihre Beschwerden besser nachvollziehen zu können. Im Anschluss finden Sie Massageübungen für unterschiedliche Tinnitus-Arten. Beachten Sie auch das Kapitel zur Bedeutung von emotionalen und mentalen Faktoren, die auch beim Tinnitus einen wichtigen Einfluss haben können (S. 32). Denn wenn Sie mit Anspannung, Stress, Gereiztheit oder Angst auf Ihre Ohrgeräusche reagieren, ist dies zwar durchaus verständlich, behindert jedoch die Heilungsvorgänge und trägt zur Schwere des Tinnitus bei.

Typische Tinnitus-Auslöser

Ein häufiger Auslöser von Tinnitus ist ein zu hoher Geräuschpegel, wie viele Betroffene nur allzu gut wissen. Andere Ursachen für einen Tinnitus sind Hörsturz, für das Innenohr schädliche Substanzen, Verstopfung des Gehörgangs mit Ohrenschmalz, Nacken- oder Kiefergelenkprobleme, aber auch verschiedenste Erkrankungen. Beschädigt man beispielsweise durch zu laute Musik die feinen Haarzellen in den Ohren, beginnt das Sinnesorgan sofort mit einer erhöhten Zellaktivität – sprich: mit dem Heilungsvorgang. Diese erhöhte Zellaktivität geht mit einer stärkeren Wahrnehmung von sonst nicht bemerkbaren innerkörperlichen Geräuschen einher und wird als akuter Tinnitus, manchmal auch als Disco-Tinnitus bezeichnet. Zum persönlichen Problem wird dieser Vorgang, wenn das Gehirn beginnt, diesen Geräuschen länger Aufmerksamkeit zu widmen, als es zur physischen Genesung des Ohrs nötig ist. Dann nehmen Sie das Tinnitus-Geräusch dauerhaft und verstärkt wahr.

Diese sogenannte Sensitivierung geht ganz schnell – denkt man nur an einen kleinen Kieselstein im Schuh, den man zwar nach wenigen Mi-

nuten entfernt, aber immer noch ein paar Schritte lang spürt, obwohl er physisch gar nicht mehr vorhanden ist. Wie soll es einem da erst gehen, wenn der Kieselstein (vergleichbar mit dem Heilungsvorgang nach Schalltrauma) mehrere Tage verharrte?
Genau deshalb ist es wichtig, im Hinterkopf zu behalten, dass Ohrgeräusche grundsätzlich etwas Normales sind. Das Gehirn kann lernen, sie als unwichtiges Hintergrundgeräusch herauszufiltern – so, wie Sie irgendwann die stündlich bimmelnde Kirchenglocke oder vorbeifahrende Züge nicht mehr hören, wenn Sie direkt neben einer Bahnlinie wohnen. Sobald unser Organismus weiß, dass dieser Klang keine Bedeutung hat, kann er aus unserer Wahrnehmung entschwinden und wir überhören ihn. Wenn wir hingegen mit einem Klang etwas verbinden, auf das wir achten müssen (eine Gefahrenquelle oder sonst etwas Wichtiges), filtert unser Gehirn den Klang nicht heraus, und wir nehmen ihn genau wahr. Es lohnt sich also, der Frage nachzugehen, warum der eigene Körper das Ohrgeräusch für so wichtig erachtet, dass er es nicht herausfiltert, und wir es den ganzen Tag hören müssen. Denn in der Tat hat jeder Mensch Ohrgeräusche. Sie sind nur für manche störend und ein Hindernis im Alltag, während andere sie niemals mitbekommen.

Tinnitus kann auch ohne direkte Einwirkung äußerer Faktoren entstehen, zum Beispiel durch Stress. Man spricht dann vom psychosomatischen Tinnitus. Ist mit dem Beginn der Ohrgeräusche eine Situation verbunden, die mit einer starken emotionalen Reaktion einherging, dann ist es in jedem Fall ratsam, sich parallel mit dem inneren Aufarbeiten dieser zu befassen, falls noch nicht geschehen.

Die Bedeutung der Aufmerksamkeitslenkung

Im Jahr 1953 führten zwei US-amerikanische Wissenschaftler, Morris F. Heller und Moe Bergman, ein interessantes Experiment durch. Sie platzierten 80 Universitätsangehörige, die nicht an Tinnitus litten, jeweils für fünf Minuten in einem schallisolierten Raum. Sie sollten anschließend berichten, ob sie Geräusche hören konnten oder nicht. Die Probanden dachten, sie würden sich einem Hörtest unterziehen, tatsächlich aber saßen sie fünf Minuten in vollkommener Stille. Dennoch gaben 93 Prozent an, summende, pulsierende und pfeifende Geräusche wahrgenommen zu haben – Geräusche, die mit denen identisch sind, die Tinnitus-Patienten hören.

Dieses sehr einfache Experiment wird oft als Nachweis dafür angeführt, dass (fast) jeder Mensch die elektrische Hintergrundaktivität wahrnehmen kann, die in jeder lebenden Nervenzelle des Hörsystems als Ton vorhanden ist. Auch wenn einige Bereiche dieses Systems möglicherweise aktiver sind als andere, trägt jede Nervenzelle in gewissem Maße zur endgültigen Wahrnehmung von Tinnitus bei. Diese elektrischen Signale sind grundsätzlich kein Anzeichen für einen körperlichen Schaden. Nicht mehr an Tinnitus zu leiden, bedeutet nicht, dass keine Ohrgeräusche mehr vorhanden sind. Das sind sie immer und bei jedem Menschen. Es bedeutet, dass sie Sie nicht mehr behindern und stören.

Versuchen Sie nachzuvollziehen, weshalb Ihr Körper seine »Scheinwerfer der Aufmerksamkeit« auf die Geräusche richtet(e). War es, weil Sie (zu) lauten Klängen ausgesetzt waren, eine Entzündung oder emotionalen Stress hatten? Übungen wie »Wahrnehmung« (S. 62) können Ihnen dabei helfen, die Antworten Ihres Körpers auf diese Fragen besser zu erkennen. Andere Übungen, wie die Massageübungen ab S. 64, vermögen Energieungleichgewichte auszugleichen. Die Effekte können sie nach einer gewissen Übungszeit körperlich, mental und emotional spüren. Ihr Körper wird gestärkt, sodass er sich selbst leichter und schneller heilen kann. (Dafür ist es übrigens nicht unbedingt notwendig, dass Sie sich der Ursache Ihrer Beschwerden bewusst sind.)

Der Körper und seine Energetik sind immer ein Spiegelbild unserer Erfahrungen. Sowohl unsere Vergangenheit als auch unsere jetzige Lebensweise sind in den Zellen gespeichert und zeigen sich unter anderem im Zustand der Meridiane. Werden diese harmonisiert und gekräftigt, dann können auf natürliche Weise Beschwerden und Erkrankungen verschwinden, deren Entstehung durch eine Schräglage begünstigt wurde. Sollten emotionale Probleme involviert sein, können diese anschließend leichter ausgeglichen werden, da Körper und Geist eng miteinander verwoben sind.

Massageübungen bei Tinnitus

Im Folgenden werden acht Massageübungen vorgestellt. Sie unterscheiden sich in der Auswahl der behandelten Akupunkturpunkte. Sollten Sie an Tinnitus leiden, möchte ich Sie bitten, sich die ersten Absätze der im Folgenden empfohlenen Massageübungen durchzulesen und sich diejenige Übung für Ihre eigene Übungspraxis auszusuchen, deren Beschreibung am ehesten auf Sie zutrifft. Es müssen nicht alle, sondern lediglich der Großteil der aufgelisteten Symptome auf Sie zutreffen. Gerne können Sie auch mehrere Übungen auswählen und sie mit mindestens 30-minütigem Zeitabstand ausführen, beispielsweise zu unterschiedlichen Tageszeiten.

Um herauszufinden, welche Übung die stärkste Wirkung auf Sie hat, empfiehlt es sich, lediglich eine Übung über einen Zeitraum von mehreren Tagen durchzuführen, dann einige Tage zu pausieren und anschließend nur die andere Übung auszuführen. Die Reaktion kann natürlich auch mit anderen Faktoren (Ernährung, Umgebung, Aktivitäten etc.) zusammenhängen, sie kann jedoch ebenso einen Hinweis darauf geben, welche Übung zum jetzigen Zeitpunkt am geeignetsten für Sie ist. Denken Sie daran, dass sich die passende Auswahl im Verlauf der Übungspraxis ändern kann, und bleiben Sie weiter für die anderen Varianten offen.

Vorgehen bei allen Übungsvarianten

Massieren Sie die bei Ihrer Variante erwähnten Akupunkturpunkte jeweils nacheinander, und zwar immer erst auf der einen und anschließend auf der anderen Körperseite. Die jeweilige Lage der Akupunkturpunkte entnehmen Sie bitte den erwähnten Abbildungen in der Übersicht am Ende des Kapitels. Notieren Sie sich »Ihre« Punkte gerne auf einem Merkzettel, bevor Sie mit der Übung starten. Mit welcher Körperseite Sie bei der Massage beginnen, bleibt Ihnen überlassen. Achten Sie jedoch darauf, dass die Zeitdauer auf beiden Seiten etwa gleich ist.

Drücken Sie mit einem beliebigen Finger jeweils mit leichtem Druck auf den jeweiligen Punkt und führen dabei langsame (!) Kreise aus, während Sie den Druck durchgehend halten. Das Ganze sollte wie in Zeitlupe geschehen. Kreisen Sie dabei pro Punkt 36-mal im Uhrzeigersinn und dann 24-mal gegen den Uhrzeigersinn. Drücken Sie abschließend dreimal sanft auf den jeweiligen Punkt, wobei Sie ausatmen, wenn Sie den Punkt drücken, und einatmen, wenn Sie loslassen.

Ergänzung für alle Übungsvarianten

Alle Übungsvarianten können Sie mit einer Massage von drei Akupunkturpunkten ergänzen, die Sie mit mindestens 30 Minuten Abstand zur ausgewählten Massageübung durchführen. Massieren Sie dazu Di 4, Di 6 sowie 3E 9 (alle S. 95 E) – den letzten Punkt vor allem, wenn die ausgewählte Übung 3E 17 (S. 93 A) beinhaltet, denn 3E 9 unterstützt 3E 17 bei der Öffnung der Ohren.

ERSTE ÜBUNGSVARIANTE

Diese Übungsvariante sollten Sie durchführen, wenn Ihr Ohrgeräusch bei Überarbeitung und/oder bei zu wenig Erholungszeiten beginnt oder stärker wird. Die Art des Tinnitus wird oft mit einem Fernseh- oder Radiopfeifen verglichen: ein konstantes, pfeifendes Geräusch. Abends und nachts wird es im Vergleich zu morgens tendenziell schlimmer, wobei es den Schlaf jedoch nicht unbedingt stören muss. Das Hörvermögen bleibt unbeeinträchtigt, unter Umständen können aber hochfrequente Töne wie eine Klingel oder das Telefon überhört werden. Ihre Symptome sollten Sie am ehesten in der Beschreibung des Nierenmeridians (S. 26) wiederfinden.

Massieren Sie (wie auf Seite 74 beschrieben) die folgenden Akupunkturpunkte in der angegebenen Reihenfolge: Zuerst massieren Sie 3E 17, dann Dü 19, Gb 8 (alle S. 93 A), Di 4, 3E 5 (beide S. 95 E), Gb 20 (S. 94 C), Ni 7 (S. 95 I), Lu 7 (S. 95 F) sowie abschließend (wenn möglich) Bl 23 (S. 94 D). Falls die Massage von Bl 23 für Sie schwierig ist und Sie niemanden um Hilfe bitten können, können Sie anstelle der Massage dieses Punktes alternativ die Übung »Nieren stärken« (S. 61) ausführen.

Führen Sie die Massage in der ersten Woche viermal, in der zweiten dreimal und ab der dritten Woche zweimal wöchentlich durch, bis Sie eine Wirkung spüren. Fahren Sie nach der Besserung der Beschwerden noch eine Weile mit der Übung fort.

ZWEITE ÜBUNGSVARIANTE

Diese Massageübung eignet sich bei einer schrittweisen Verschlimmerung des Tinnitus. Der Ton hat eine niedrige Frequenz, ist also tief. Er tritt phasenweise auf und ist vergleichbar mit dem Klang von rauschendem Wasser. Oft ist dieser Tinnitus von unklarem Sehen, Rückenschmerzen (vor allem im unteren Bereich), Knieschmerzen und einer verminderten Libido oder Potenz begleitet. Ihre Symptome sollten Sie am ehesten in der Beschreibung des Nierenmeridians (S. 26) wiederfinden.

Massieren Sie der Reihe nach Gb 2, Dü 19, 3E 17 (alle S. 93 A), Ni 3 (S. 95 I), Ren 4 (S. 93 B), Bl 23 (S. 94 D), Mi 6 (S. 95 I), und zwar all diese Punkte nur (!) im Uhrzeigersinn. Anschließend massieren Sie He 6 (S. 95 F) und Le 3 (S. 95 G) sowohl im als auch gegen den Uhrzeigersinn.

Ergänzung zur ersten und zweiten Übungsvariante

Falls die Symptombeschreibung der ersten oder zweiten Übungsvariante auf Sie zutrifft, können Sie die folgenden Punkte ergänzend zu der jeweiligen Übung massieren. Führen Sie diese Ergänzungsübung am besten zu einer anderen Tageszeit aus und beobachten Sie die Wirkung auf Ihren Körper. Der Übung, welche nach Ihrem Empfinden die stärkste Wirkung auf Sie hat, sollte in den Folgetagen und -wochen am meisten Übungszeit gewidmet werden.
Massieren Sie der Reihe nach 3E 3, 3E 10 (S. 95 E), He 7, He 3 (beide S. 95 F), Ni 3, Ni 10 (beide S. 95 I), Gb 41, Gb 34 (beide S. 95 K) sowie die Punkte Yi Zhong, Er Zhong und San Zhong (S. 68) in der auf Seite 64 beschriebenen Art und Weise.

DRITTE ÜBUNGSVARIANTE

Diese Übungsvariante eignet sich, wenn sich Ihr Ohr ein wenig verstopft anfühlt, bevor der Tinnitus auftritt. Es kann ein gedämpfter Ton sein, so als würden Sie alles durch einen Ohrstöpsel hören, und unter Umständen auch andere Sinne betreffen, sodass beispielsweise der Geruchs- und der Geschmackssinn beeinträchtigt sind. Der Ton selbst tritt in der Regel mit Unterbrechungen auf und ist tendenziell morgens schlimmer.
Bei verstopfter Nase wird dieser Tinnitus ebenfalls stärker. Die Betroffenen neigen zu Nasennebenhöhlen- und/oder Halsbeschwerden und finden sich am ehesten in einem Energieungleichgewicht des Lungenmeridians wieder. Dieses kann sich in einer Tendenz zu Melancholie, tiefer Traurigkeit, Kummer, zum Einnehmen einer Opferhaltung sowie

in Lungen- oder Hautbeschwerden äußern und von unverarbeiteten Verlustsituationen oder Mobbing begünstigt sein.
Massieren Sie der Reihe nach die Punkte 3E 17, Dü 17, Dü 19 (alle S. 93 A), Di 4, 3E 5 (beide S. 95 E), Di 20 (S. 93 A), Gb 20 (S. 94 C), Ma 40 (S. 95 K), Bl 23 (S. 94 D) sowie Bl 58 (S. 95 K) in der auf Seite 64 beschriebenen Art und Weise.

VIERTE ÜBUNGSVARIANTE

Diese Übungsvariante eignet sich, wenn Ihr Tinnitus mild ausgeprägt ist, langsam beginnt und eine eher niedrige Frequenz hat, also tief ist. Der Ton tritt phasenweise auf, und die Beschwerden sind nicht selten mit Müdigkeit verbunden (eventuell auch mit einem leichten, spontanen Schwitzen bei Erschöpfung). Vielleicht verspüren Sie auch eine leichte Atemnot oder haben eine blasse Gesichtsfarbe. Ihre Symptome sollten Sie am ehesten in Hinweisen zum Lungenmeridian wiederfinden. Symptome können eine Tendenz zu Melancholie, tiefer Traurigkeit, Kummer und Opferhaltung sowie in Lungen- oder Hautbeschwerden sein und von unverarbeiteten Verlustsituationen oder Mobbing begünstigt werden.
Massieren Sie der Reihe nach die Akupunkturpunkte Ren 17 (S. 93 B), Bl 13 (S. 94 D), Lu 9 (S. 95 F), Ren 6 (S. 93 B), Du 20 (S. 94 C), 3E 16 sowie Dü 19 (beide S. 93 A), und zwar ausschließlich (!) im Uhrzeigersinn. Den letzten Punkt (Dü 19) massieren Sie doppelt so lange wie die übrigen Punkte.

Alternative

Eine Alternative ist die im Folgenden beschriebene Punktekombination. Probieren Sie aus, welche der beiden Varianten am stärksten auf Sie wirkt. Massieren Sie nacheinander He 5 (S. 95 F), Bl 15 (S. 94 D), Ren 14, Ren 17 (beide S. 93 B), Pe 6 (S. 95 F), Mi 6 (S. 95 I) sowie Dü 19 (S. 93 A), auch hier alle Punkte ausschließlich (!) im Uhrzeigersinn.

FÜNFTE ÜBUNGSVARIANTE

Diese Übungsvariante eignet sich bei einem intermittierenden, hohen und durchdringenden Pfeifton, der das Hörvermögen stört. Er wird in Stresssituationen und bei Anspannung stärker, wohingegen er nachts und in Ruhe leiser oder gar nicht auftritt. Die Beschwerden können zudem mit Gereiztheit, Kopfschmerzen, Menstruationsbeschwerden sowie eventuell auch mit Bluthochdruck verbunden sein. Die Symptome sollten Sie am ehesten in der Beschreibung des Lebermeridians (S. 29) wiederfinden.
Massieren Sie nacheinander die Punkte 3E 17, Dü 19 (beide S. 93 A), Di 4, 3E 5 (beide S. 95 E), Gb 8 (S. 93 A) und Du 20 (S. 94 C) sowohl im als auch gegen den Uhrzeigersinn. Anschließend massieren Sie Gb 20 (S. 94 C), Gb 38 (S. 95 K), Mi 6 (S. 95 I) und Le 2 (S. 95 G) ausschließlich gegen den Uhrzeigersinn.

SECHSTE ÜBUNGSVARIANTE

Diese Übungsvariante eignet sich bei Tinnitus mit plötzlichem Beginn und hoher Frequenz, der in vielen Fällen von Reizbarkeit, emotionaler Anspannung, Kopfschmerzen, geröteten Zungenrändern sowie manchmal auch von Schwindelgefühlen begleitet wird.
Massieren Sie der Reihe nach die Punkte Le 2 (S. 95 G), 3E 17, Gb 2 (beide S. 93 A), 3E 5, 3E 3 (beide S. 95 E), Gb 43 (S. 95 K), Gb 20 (S. 94 C) sowie Gb 8 (S. 93 A) ausschließlich gegen den Uhrzeigersinn.

Alternative

Eine Alternative ist die im Folgenden beschrieben Punktekombination, die insbesondere bei zusätzlicher Schwerhörigkeit unterstützend sein kann. Probieren Sie aus, welche der beiden Alternativen am stärksten auf Sie wirkt.
Massieren Sie nacheinander 3E 5 (S. 95 E), Gb 43 (S. 95 K), 3E 3 (S. 95 E), Le 3 (S. 95 G), Gb 2, 3E 21 sowie 3E 17 (alle S. 93 A) mit sanftem Druck ausschließlich gegen den Uhrzeigersinn.

SIEBTE ÜBUNGSVARIANTE

Diese Übungsvariante empfiehlt sich, wenn Ihr Tinnitus im fortgeschrittenen Alter auftritt und sich durch eine hohe Frequenz auszeichnet. Bisweilen ist er von Schwindelgefühlen, Muskelzittern oder gar Taubheitsgefühlen in den Gliedmaßen begleitet.

Massieren Sie der Reihe nach die Punkte Le 3 (S. 95 G) und Mi 6 (S. 95 I) nur im Uhrzeigersinn, danach die Punkte Gb 2, 3E 17 (beide S. 93 A), Gb 20 und Du 16 (beide S. 94 C) nur gegen den Uhrzeigersinn.

ACHTE ÜBUNGSVARIANTE

Diese Übungsvariante eignet sich bei einem Geräusch, das dem Klang von Grillen ähnelt und das die Hörfähigkeit beeinträchtigt. In vielen Fällen ist es von einem Gefühl der Benommenheit und Schwere im Kopfbereich begleitet. Unter Umständen gehören auch eine Enge im Brustbereich, emotionale Unruhe und Sehschwierigkeiten zu den Symptomen.

Massieren Sie nacheinander die Punkte 3E 21, Dü 19, Gb 2 (alle S. 93 A), Gb 20 (S. 94 C), 3E 5, 3E 3, Di 4 (alle S. 95 E), Ren 9 (S. 93 B), Ma 40 (S. 95 K) und Mi 9 (S. 95 I) ausschließlich sanft gegen den Uhrzeigersinn. Im Anschluss massieren Sie Ren 12 (S. 93 B) und Bl 20 (S. 94 D) im Uhrzeigersinn.

Alternative Behandlungsmöglichkeiten bei Tinnitus

Es gibt unzählige weitere Behandlungsmöglichkeiten bei Tinnitus. Auch hier gilt, wie bereits erwähnt, dass Sie bei der Auswahl am besten Ihrem eigenen Bauchgefühl folgen und sich nicht von zu vielen Ratschlägen und Informationen überrollen lassen. Hören Sie darauf, welche Rückmeldung Ihr Körper Ihnen gibt. Es gibt viele Erfahrungsberichte von Personen, bei denen der Tinnitus nach der Anwendung von weißem oder rosa Rauschen über einen längeren Zeitraum »verschwand«. Der hinter der Anwendung liegende Gedanke war, dass Ohrgeräusche als weniger störend und stark empfunden werden, wenn die Ohren und das Gehirn verschiedene Eindrücke erhalten. Ich habe Gutes von der Tinnitus-Retraining-Therapie (TRT) gehört, wobei die Deutsche Tinnitus Liga e. V. zu diesem Thema aktuelle Studien anführt, in denen stattdessen die sogenannte Tinnitus-Bewältigungs-Therapie (TBT) empfohlen wird. Wirkungsvoll seien Therapiekonzepte, die ein besonderes Augenmerk auf die kognitive Verhaltenstherapie (KVT) legen. Für was immer Sie sich entscheiden – gerne möchte ich Ihnen ans Herz legen, nicht zu viel auf einmal auszuprobieren.

Zusätzliche Tipps

Bei Ohrenbeschwerden egal welcher Art ist es in jedem Fall ratsam, zuerst bei einem Arzt und Spezialisten abklären zu lassen, ob eine medizinische Behandlung erforderlich ist.

Mitbehandlung der Hals-, Nacken- und Kopfpartie

Bei Ohrenbeschwerden empfiehlt sich immer ein Gang zu einem Therapeuten, der einen geschulten »Blick« auf Ihre Wirbelsäule, die Hals- und Nackenmuskulatur sowie die Kiefer- und Kaumuskulatur wirft. Sind diese verspannt, kann dies zu Ohrgeräuschen oder anderen Ohrenbeschwerden führen. Übungen, die diese Bereiche lockern, sind daher eine wertvolle Bereicherung jeder sonstigen Übungspraxis. Besonders der dritte Halswirbel, aber auch die ersten zwei Wirbel (Atlas und Axis) sowie das Kiefergelenk stehen mit Tinnitus und Ohrgeräuschen in Verbindung. Deren Behandlung kann die Probleme lindern.

ÜBUNG ZUR LOCKERUNG DER KIEFERMUSKULATUR

Eine sehr gute Übung zur Lockerung der Kiefermuskulatur besteht darin, mit einer Hand so ans Kinn zu greifen, dass der Bereich zwischen Daumen und Zeigefinger in etwa am Kinn aufliegt. Die andere Hand legen Sie mit der Handfläche auf die Stirn (1). Dann ziehen mit der unteren Hand das Kinn hinunter, den Mund also so weit auf, wie es möglich ist, und stabilisieren dabei den Kopf mit der anderen Hand an der Stirn (2). Schließen Sie den Mund dann locker. Anschließend ziehen Sie ihn wieder auf und schieben das Kinn vorsichtig nach links (3). Bleiben Sie kurz in dieser Endposition, lockern Sie den Kiefer und schieben Sie ihn dann vorsichtig mit offenem Mund nach rechts (4).

1

2

3

4

Abschließend lösen Sie die Hände vom Kopf und lassen Ihr Gesicht entspannen.
Eine Übungsalternative besteht darin, den Kopf leicht in den Nacken zu legen und mit den Händen den Ober- und Unterkiefer zu fassen: die eine Hand oben, die andere Hand unten, wobei alle Finger bis auf die Daumen in die Mundhöhle greifen. Dann ziehen Sie Ober- und Unterkiefer vorsichtig so weit wie möglich auseinander, indem die eine Hand nach unten, die andere nach oben zieht.

Tipp: Beobachten Sie zusätzlich in Ihrem Alltag, ob und wie unterschiedliche Positionen Ihres Kiefers (und auch allgemein Ihres Körpers) Ihre Beschwerden verstärken oder mindern können.

Alte Hausmittel

Sicherlich kennen Sie Zwiebelsäckchen, Knoblauchkompressen, Kartoffelwickel und Senfumschläge als alte Hausmittel bei Ohrenschmerzen oder Entzündungen. Auch Nasenspülungen mit physiologischer Kochsalzlösung können hilfreich sein, da die Gehörgänge und die Nebenhöhlen zusammenhängen. Wärme- oder Kälteanwendungen werden oftmals als angenehm empfunden. Das heutzutage als Rebstockwasser im Handel zu findende Öl geht unter anderem auf Hildegard von Bingen zurück, die Wasser aus angeschnittenen Rebstöcken in Olivenöl als wichtiges Mittel (unter anderem) gegen Ohrenschmerzen lobte. Man nutzt das Öl zum Einträufeln ins Ohr sowie zum Einreiben hinter dem jeweiligen Ohr. Beschreibungen der unterschiedlichen Hausmittel finden sich zahlreich im Internet. Sprechen Sie die Anwendung gegebenenfalls mit Ihrem Arzt oder Therapeuten ab.

Anwendung binauraler Beats

In der klassischen Medizinliteratur Chinas finden sich immer wieder Hinweise auf die therapeutische Anwendung von Musikinstrumenten. Man kann daher davon ausgehen, dass in der TCM auch mit Tönen und Frequenzen gearbeitet wurde. Auch in anderen Medizinsystemen stößt man immer wieder, insbesondere im Bereich der Ohrenheilkunde, auf den Einsatz bestimmter Tonfrequenzen.

Eine Möglichkeit für die Anwendung zu Hause bieten Stimmgabeln, mit denen sich sogenannte binaurale Beats evozieren lassen. Unter einem binauralen Beat versteht man einen Ton, welcher als Sinneseindruck im Stammhirn entsteht, wenn jedes Ohr einen gesonderten Ton hört – rechts und links mit einer leicht abweichenden Frequenz. Der neu entstehende Ton pulsiert und hat eine Frequenz, die ungefähr zwischen den beiden Einzelton-Frequenzen liegt. Der deutsche Physiker Heinrich W. Dove beschrieb 1839 in seinem »Repertorium der Physik« wohl als Erster dieses Phänomen; die medizinische Anwendung geht vor allem auf den Biophysiker Gerald Oster in den 1970er-Jahren zurück.

Zur Anwendung von binauralen Beats habe ich gute Rückmeldungen erhalten. Sie können dafür Stimmgabeln verwenden, deren Anwendung in der Ohrenheilkunde keineswegs ungewöhnlich ist und mit denen sich auch binaurale Beats evozieren lassen. Lassen Sie sich beraten oder probieren Sie unterschiedliche Stimmgabeln aus und beobachten Sie die Wirkung auf Ihren Körper. Experimentieren Sie mit Abständen, Winkeln und damit, welche Stimmgabel sich vor welchem Ohr am besten anfühlt. Zur Erzeugung von binauralen Beats wird es notwendig sein, mit zwei Stimmgabeln (eine vor jedem Ohr) zu arbeiten.

Unterstützend können Sie auch mit Stimmgabeln arbeiten, die speziell auf Meridiane gestimmt sind. Dazu ist es notwendig zu wissen, welche Meridiane sich individuell im Ungleichgewicht befinden. Ein TCM-Therapeut kann die entsprechenden Meridiane bestimmen. Hierbei wird kein binauraler Beat erzeugt, daher wird meist nur mit einer Stimmgabel gearbeitet. Die angeschlagene Stimmgabel wird entlang des entsprechenden Meridians bewegt. Probieren Sie aus, bei welcher Körperstelle und mit welcher Stimmgabelbewegung Ihr Körper Ihnen ein positives Gefühl vermittelt. Lassen Sie Ihr persönliches Körpergefühl entscheiden.

Betrachtung anderer Einflussfaktoren

Um Ohrenbeschwerden zu mindern oder aufzulösen, ist es immer hilfreich und oft zwingend notwendig, sich mehrere Bereiche des Lebens (und des Körpers) anzusehen. Die in diesem Buch vorgestellten Übungen können zwar unterstützen, und ich kenne Fälle, in denen ausschließlich durch die Übungen die Ohrengesundheit wiederhergestellt wurde. Dennoch möchte ich betonen, dass eine umfassende Betrachtung in den meisten Fällen hilfreich ist. So kann die eingangs in diesem Kapitel angesprochene Behandlung der Wirbelsäule oder des Kiefers (S. 82) eine große Hilfe sein. Bedenken Sie außerdem, dass die Ernährung als unterstützendes Heilmittel genutzt werden kann. Interessierte Leser möchte ich an TCM-Therapeuten verweisen, welche Ihnen geeignete Rezepturen zusammenstellen können.
Und schließlich: Unterschätzen Sie nicht die Auswirkungen der emotionalen und mentalen Ebene. Wichtige Hinweise dazu finden Sie im gleichnamigen Kapitel vorne im Buch (S. 32).

Weitere Qigong-Übungen

Denjenigen unter Ihnen, die sich für weitere Übungen interessieren, lege ich mein Buch »Emotionale Balance finden« (erschienen im Irisiana Verlag) ans Herz. Neben hilfreichen, hauptsächlich bewegten Übungen zur

gezielten Harmonisierung und Stärkung der Meridiane vermittelt es Informationen zu den Zusammenhängen zwischen Emotionen und energetischen Prozessen unseres Körpers.
Sehr unterstützend kann auch die Übung des stillen Stehens sein, die ich umfassend im Buch »Die heilende Kraft des stillen Stehens« (ebenfalls Irisiana Verlag) beschreibe. Ich halte sehr viel von ihr und habe durchweg positive Rückmeldungen zu ihrer Wirkung erhalten. Sie hat bei Tinnitus oftmals sehr unterstützend gewirkt. Sie können die Übung »Wahrnehmung« (S. 62) sehr gut damit verbinden.

Geduld und Mitgefühl

Zuletzt möchte ich betonen, dass wir mit Geduld an alle Heilungsprozesse herangehen sollten. Es ist verständlich, dass wir schnell Ergebnisse sehen und spüren möchten. Aber geben Sie Ihrem Körper die Zeit, die er braucht, und gehen Sie in Ihrem Tempo voran. Eine Heilung innerhalb von einem Tag oder einer Woche ist bei chronischen Beschwerden nicht unmöglich, jedoch sehr selten. Ich kenne genügend Menschen, die im Nachhinein sagen, wie viel Sie während des Heilungsprozesses gelernt und für sich selbst mitgenommen haben, auch wenn ihnen die Heilungszeit insgesamt sehr lang erschienen war. Nehmen Sie alle Erkenntnisse auf Ihrem Heilungsweg dankend auf. Seien Sie geduldig und voller Mitgefühl mit sich selbst. Vergleichen Sie sich nicht mit anderen. Vertrauen Sie Ihrem Körper: Er spricht aus einem bestimmten Grund zu Ihnen. Begegnen Sie Ihren Symptomen mit Offenheit und Neugierde für die Ursachen und werten Sie nicht. Sie sind Ihr eigener Arzt. Lernen Sie Ihren Körper zu verstehen, dann fällt die Heilung umso leichter.

Anhang

氣

REGISTER FÜR BESCHWERDEN

Die folgende Auflistung zeigt, welche Übungen bei welchen Ohrenbeschwerden jeweils besonders zu empfehlen sind. Lesen Sie sich bitte auch das Kapitel »Akupunkturpunkte für die Ohren« (S. 30) durch. Dort finden Sie eine Liste mehrerer Akupunkturpunkte, die Sie neben den unten genannten Übungen zusätzlich in Ihre Übungspraxis einbauen können.

QUELLEN

Chen J. www.ca1.ch (empfehlenswert für Aus- und Weiterbildungen)

Deutsche Gesellschaft für Hals-Nasen-Ohren-Heilkunde, Kopf- und Hals-Chirurgie e. V. Bonn: www.hno.org

Deutsche Tinnitus-Liga e. V. Tinnitus-Bewältigungs-Therapie. https://www.tinnitus-liga.de/pages/tinnitus-sonstige-hoerbeeintraechtigungen/tinnitus/tinnitus-retraining-therapie.php (5.12.2023)

Feldmann H. Die geschichtliche Entwicklung der Hörprüfungsmethoden. Georg Thieme Verlag, 1960

Gera B. Guolin Qigong. Irisiana Verlag, 2014

Gera B. Fuß-Qigong. Irisiana Verlag, 2018

Kahle W et al. Taschenatlas Anatomie. Band 3: Nervensystem und Sinnesorgane. Georg Thieme Verlag, 2018

Kraft H-W. Qigong in der Tinnitustherapie. In: Zeitschrift für Qigong Yangsheng. Medizinisch Literarische Verlagsgesellschaft, 2004, S. 140–141

Lee K et al. The primary cilium functions as a mechanical and calcium signaling nexus. Cilia 2015. https://pubmed.ncbi.nlm.nih.gov/26029358/#full-view-affiliation-1 (4.12.2023)

Ni M (Hrsg.) Der Gelbe Kaiser: Das Grundlagenwerk der Traditionellen Chinesischen Medizin. Knaur MensSana TB, 2022

Ouyang Z-x: Lexikon der Termini und Maximen der traditionellen chinesischen Medizin. Nan-kai-da-xue-chubanshe Verlag, 2009

Pascual-Leone A et al. Modulation of muscle responses evoked by transcranial magnetic stimulation during the acquisition of new fine motor skills. J Neurophysiol 1995; 74(3): 1037–1045

Steiner R. Gesamtausgabe Vorträge. Vorträge über Erziehung. https://ia800904.us.archive.org/16/items/rudolf-steiner-ga-309/rudolf-steiner-ga-309.pdf (5.12.2023)

Timmons J. When can a fetus hear? healthline 5.1.2018. https://www.healthline.com/health/pregnancy/when-can-a-fetus-hear (23.11.2023)

Wang Y et al. Zhongyi erbi yanhou kouqiang xue [Traditionelle chinesische Hals-, Nasen-, Ohren- und Mundheilkunde]. Volksverlag für Hygiene, 2001

Zatorre RJ, Salimpoor VN. Why music makes our brain sing. The New York Times, 7.6.2013

DANKSAGUNG

Ich danke meinen Eltern für ihre Liebe und Freundschaft und die Möglichkeit, Erfahrungen in dieser Welt zu machen. Meine Mutter war der Grund dafür, dass ich begann, den Weg des Qigong und anderer Heilkünste auf die Weise zu beschreiten, wie ich es heute tue, und dafür, dass ich nun das Wissen in meinem Unterricht und in Büchern weitergebe. Deinetwegen nehmen Qigong, Yiquan und andere traditionelle Heilkünste einen großen Platz in meinem Leben ein und bereichern mein Leben und das meiner Schüler ungemein. Meinem Vater danke ich für die Freundschaft und für die Verbindung, die wir miteinander haben. Du hast mir die ersten Türen zu östlicher Heilkunde geöffnet.

Danke meinem Lehrer für all die Impulse und das Aufzeigen eines Wegs, der die innere Entwicklung mehr als unterstützen kann.

Danke Jorge, der mich auf diesem Weg begleitet und mit größter Natürlichkeit das lebt, was in spirituellen Schulen gelehrt und angestrebt wird. Danke für die Wärme, den Austausch und die Geborgenheit. Danke für jeden Augenblick, den ich mit dir verbringe und den du mit Freude am Leben füllst.

Danke Jumin für die tiefe Freundschaft, den intensiven Unterricht und den stetigen Rückenwind, den du mir seit unserer ersten Begegnung gibst. Danke für all deine Herzlichkeit, die wärmende Energie und dass du mich von Anfang an mit offenen Armen empfangen hast. Durch deinen Glauben an mich habe ich begonnen, selbst an mich zu glauben. Danke, dass du Familie bist, und danke dafür, deine Schülerin zu sein.

Danke an Kairo, der mein Herz geöffnet hat und ein wunderbarer Gefährte geworden ist. Der Beste, den ich mir je hätte wünschen können. Ebenso an Frido, der mich täglich zum Lächeln bringt und die Welt zusammen mit dir mit so viel Neugierde, Frohsinn und Verspieltheit entdeckt.

Emilia, Rita, Jozsef, Claudia danke ich für unsere Verbindung und die gemeinsame Zeit; Gisa, Kerstin, Angela, Robert, Philipp, Roland und Markus für unsere Freundschaft und Verbundenheit.

Hélène, Anja und Gisela sei gedankt für die Unterstützung meiner Arbeit in ihren Anfängen.

Besonderen großen Dank an Doortje für das wie immer so wundervolle Lektorat und unseren Austausch. Ebenso Sven für all die Arbeit, die den interessierten Lesern die vorliegenden Bücher ermöglicht. Es ist ein Geschenk und stets eine große Freude, mit euch zusammenzuarbeiten. Ich danke euch sehr! Danke auch an Christiane und das restliche Redaktions- und Herstellungsteam für ihre Unterstützung. Herzliche Grüße an dieser Stelle auch an Sarah, die an mein erstes Buch geglaubt und damit all die folgenden ermöglicht hat.

Danke allen Menschen, denen ich bislang begegnet bin oder deren Werke ich gelesen habe, für die Möglichkeit, von ihnen zu lernen und mit ihnen zu wachsen. Besonderen Dank auch an meine Schüler, von denen ich genauso lerne wie sie

von mir, für die herzlichen Begegnungen und entstandenen Freundschaften. Es ist eine Freude und Bereicherung, euch zu unterrichten, und ich danke euch, dass ihr mich an eurem Weg teilhaben lasst und mich auf dem meinen begleitet. Besondere Grüße an Frieder, einen langjährigen Schüler und besonderen Menschen, dem das Thema dieses Buches sehr am Herzen liegt. Danke auch allen anderen Menschen, von und mit denen ich lernen konnte.
Danke Ihnen, liebe Leserin, lieber Leser, für das Interesse, sich selbst in Ihren Selbstheilungskräften zu unterstützen, und für Ihr Interesse an Qigong. Mögen Sie Ihre Hörfähigkeit auf allen Ebenen verbessern – beim (Zu-)Hören im Außen sowie beim Lauschen der wertvollen inneren Klänge.

DIE AUTORIN

Bernadett Gera hatte über ihren Vater bereits in frühem Kindesalter Kontakt zu östlicher Medizin. Er praktizierte die asiatische Kampfsportart Judo auf olympischem Niveau, lehrte es nach seinem Rückzug aus dem internationalen Wettkampfbetrieb und führte auch Bernadett Gera in die Kunst der Akupressur, die Kampfkünste und die Grundlagen der TCM ein. Dieses Wissen behielt Bernadett Gera jedoch vorerst nur im Hintergrund, studierte Ingenieurwesen und begann eine Arbeit beim größten Luft- und Raumfahrtkonzern Europas, EADS. Als eine schwere Krebserkrankung bei ihrer Mutter diagnostiziert wurde, setzte sie sich intensiv mit unterschiedlichen Behandlungsmöglichkeiten und Ursachen von Krebs- und chronischen Erkrankungen auseinander. Sie zog sich aus der Ingenieurstätigkeit zurück und erweiterte ihr Wissen über die Förderung der Selbstheilungskräfte unter anderem durch Ausbildungen in verschiedenen Qigong-Arten und traditionellen Heilmethoden.
Seit 2010 hält sie Seminare und Vorträge und arbeitet mit Ärzten, Heilpraktikern, Beratungsstellen und Therapiezentren zusammen. 2013 weitete sie ihre Tätigkeiten auf das europäische Ausland aus und begann im Folgejahr, Ausbildungen anzubieten.
Um traditionelle chinesische Medizintexte im Original lesen zu können, absolvierte sie neben ihrer Tätigkeit als Qigong-Lehrerin und Referentin zusätzlich ein Sinologie-Studium und belegte als Nebenfach Kurse in südostasiatischen Studien und Kulturgeschichte der Medizin.
Ihr persönlicher Hintergrund und ihre Ausbildung in unterschiedlichen Bereichen ermöglichen es ihr, in ihrer Forschungstätigkeit seit über 15 Jahren Erkenntnisse aus verschiedenen naturwissenschaftlichen Bereichen mit Erfahrungen traditioneller Heilverfahren aus unterschiedlichen Kulturen zu verbinden.

www.bernadettgera.de
Instagram: @bernadettgeraofficial

A

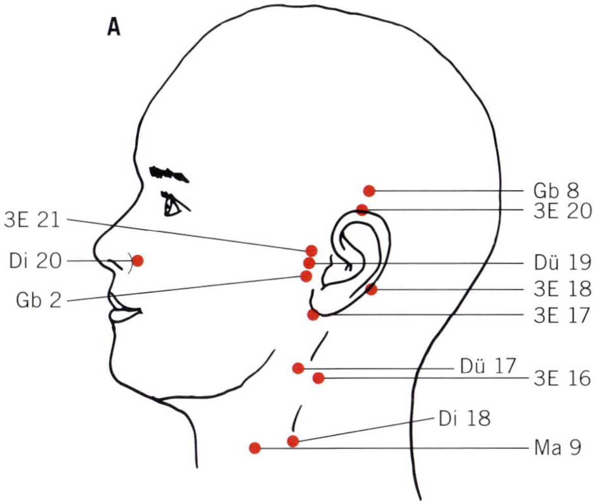
Gb 8
3E 20
3E 21
Di 20
Dü 19
Gb 2
3E 18
3E 17
Dü 17
3E 16
Di 18
Ma 9

B

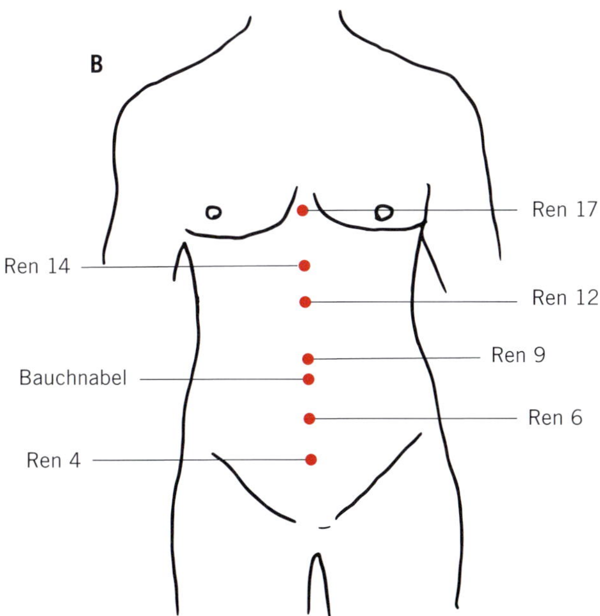
Ren 17
Ren 14
Ren 12
Ren 9
Bauchnabel
Ren 6
Ren 4

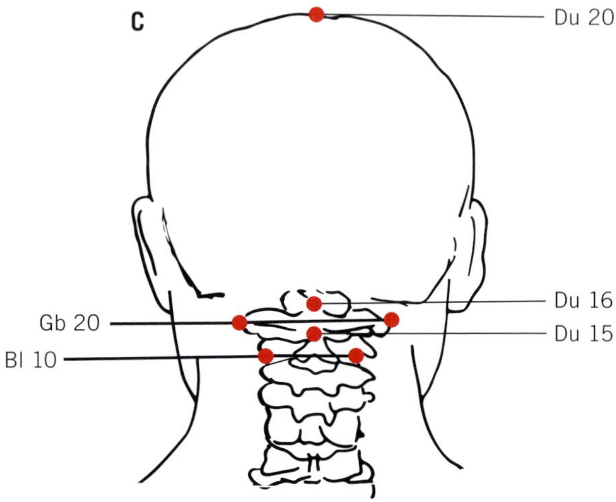
C
Du 20
Du 16
Gb 20
Du 15
Bl 10

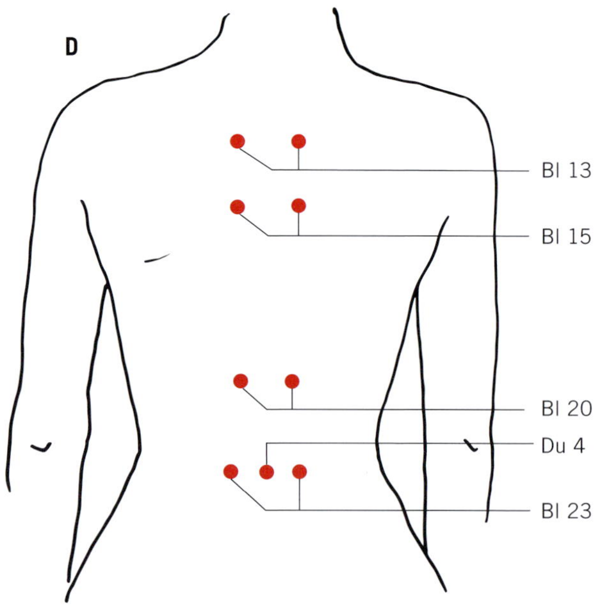
D
Bl 13
Bl 15
Bl 20
Du 4
Bl 23

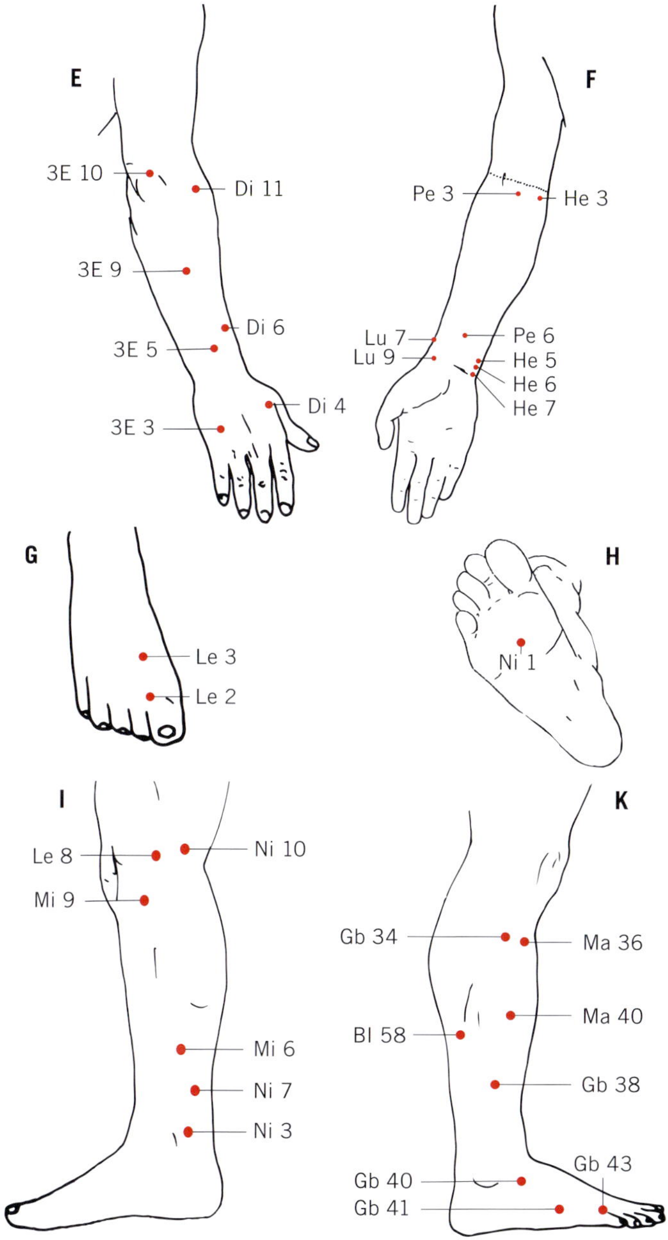
E
3E 10
Di 11
3E 9
Di 6
3E 5
Di 4
3E 3
F
Pe 3
He 3
Lu 7
Lu 9
Pe 6
He 5
He 6
He 7
G
Le 3
Le 2
H
Ni 1
I
Le 8
Ni 10
Mi 9
Mi 6
Ni 7
Ni 3
K
Gb 34
Ma 36
Ma 40
Bl 58
Gb 38
Gb 43
Gb 40
Gb 41

Mehr von Bernadett Gera

ISBN 978-3-424-15292-0

ISBN 978-3-424-15330-9

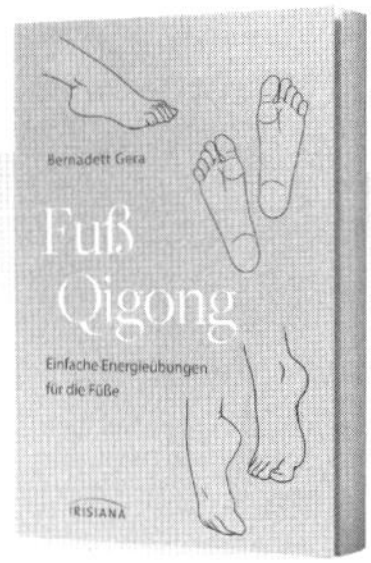

ISBN 978-3-424-15344-6

ISBN 978-3-424-15357-6

ISBN 978-3-424-15388-0

ISBN 978-3-424-15393-4

ISBN 978-3-424-15432-0